ああ
このま
だと
だめに
なる。
て思ってたら とっくに
めになってた あとだったね。
笑っちゃったね。

エベレストからもってきてくれた石は
今でも 大切に もってるよ。

将来は
息子に あげようと思う。

おとしゃん
ばーか
ちょっぷ

娘にされた ちょっぷは
わすれないように。

ざあざあ
ざあざあざあ
たったったっ
たったったっ
ばっしゃん
ばっしゃん
ただいま
おつかい物すべて腰にゆわえつけてる
ぼだ——ぼだっぼだっ
何?
出がけから雨はふってたのにもちろん傘を持ってく気はもーとーない。
そういえば昔から両手に物を持つのを極端にきらいましたね。
手になにももたないいまはどうですか?

神様はきちんと
いますか？
人をにくまない
ように。
やくそくして
下さい。
そらは
あおいし

うみも
あおいし。

講談社文庫

最後のアジアパー伝

鴨志田 穣｜西原理恵子

講談社

最後のアジアパー伝＊目次

最後のアジアパー伝

熱血アジアパー伝

1

朝、起きぬけにビールを飲んでいると電話が鳴った。

午前中にかかって来る電話というのは、たいていロクなものではなく、訳のわからない宗教やローン会社の勧誘か、地方に住む親戚連中からの何の意味もない近況報告だったりする。

「ほっとけ」

一言つぶやき、鳴り続ける電話を無視していると、しつこく、いつまでも鳴りやもうとしなかった。

軽く舌打ちをしながら受話器を取る。

「ああ、カモちゃん？　ハシダです。なに寝てた。だめだなあ」

「何言ってるんですか、こんな朝っぱらに電話よこして来て。時差は二時間だからバ

今から7年くらい前
代々木公園で
虫とり
やけに目つきのスルドイ
浮浪者とすれちがう。
家に帰ってふと
あれはオウムの
指名手配の
平田ではなかった
かと思う。
それから三年後 うちに住み
ついた鴨と池袋の地下街を
あるいていたら
たくさんの人ごみの中
10メートルほどはなれていたが
彼とすれちがう。

ンコクはまだ早朝でしょう」

「いやあ今東京なんだよ。バンコクで仕事なくてさあ、ヒマなんだよ。今日夜会わない？」

ハシダさんという男は長年バンコクに住み、ビデオカメラ片手にフリージャーナリストとして生業《なりわい》としている人であった。

僕もかの地で生活していた頃、お世話になっていた。

一応、ビデオカメラの先生でもある。

「今夜ね、新宿にカンボジアで取材していた記者達が集まるんだってさ。カモちゃんも来いよ、な」

なつかしい顔も揃うのだろう。場所と時間を聞き、受話器を置いた。

国連カンボジア平和維持活動への参加から十年たった記念の会なのだそうだ。

僕の出発点がそこにあった。

会場には記者だけでなく、当時国連ボランティアとして参加していた人々や、自衛官、国連代表まで来ていた。

数人の知った顔の記者がいた。

「おうカモちゃん、こっちこっち」

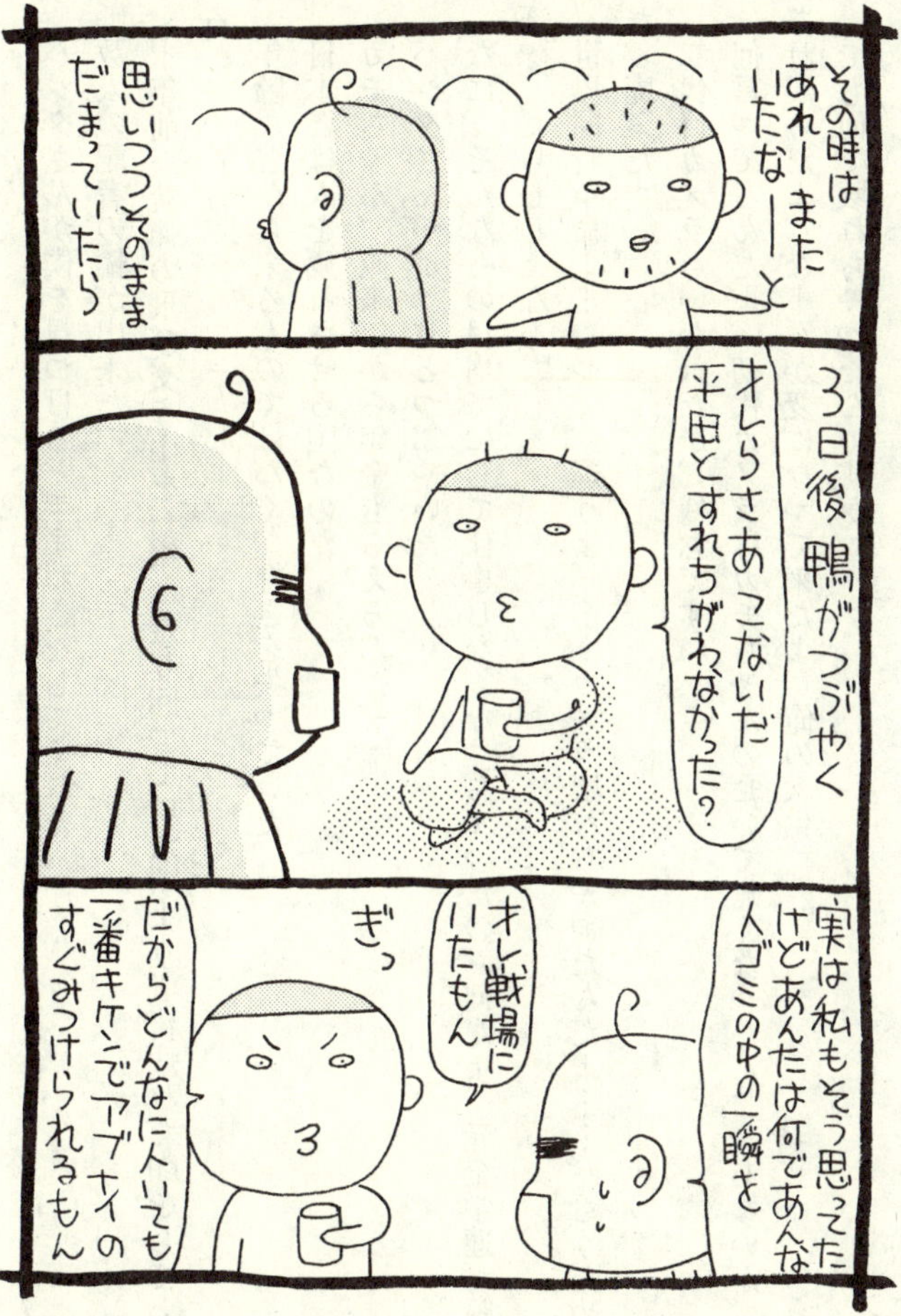
その時はあれーまたいたなーと
思いつつそのままだまっていたら
3日後鴨がつぶやく
オレらさあこないだ平田とすれちがわなかった？
実は私もそう思ってたけどあんたは何であんな人ゴミの中の一瞬を
オレ戦場にいたもん
ぎっ
だからどんなに人いても一番キケンでアブナイのすぐみつけられるもん

ハシダさんが僕を見つけると手まねきをしてくれた。

数人の記者の輪が出来た。

十年前、銃弾の飛び交う中を一緒に走り回っていた頃より、皆疲れた顔をしている。

年齢などから来るものではなく、輝きを失っていた。

日本とは人を疲れさせる国なのだ。

「カモちゃん。俺来年から年金もらえるんだぜ」

ハシダさんがポツリとつぶやいた。

「なに、そんなもの目当てにして仕事しなくなっちゃったの。何だよ、元全学連。暁部隊。だらしねえなあ」

「世界同時革命ー！　って、違うよ。……カメラ壊れちゃったんだよ……。もうだめだ、廃業だ」

「二代目カメラもいかれたか、残念ですね」

「何言ってるんだよ、初代カメラはカモちゃんのせいで無くなったんじゃあないか。あれからだよ、なーんか変になって来たよ、俺の人生」

「でも何で壊れちゃったんですか」

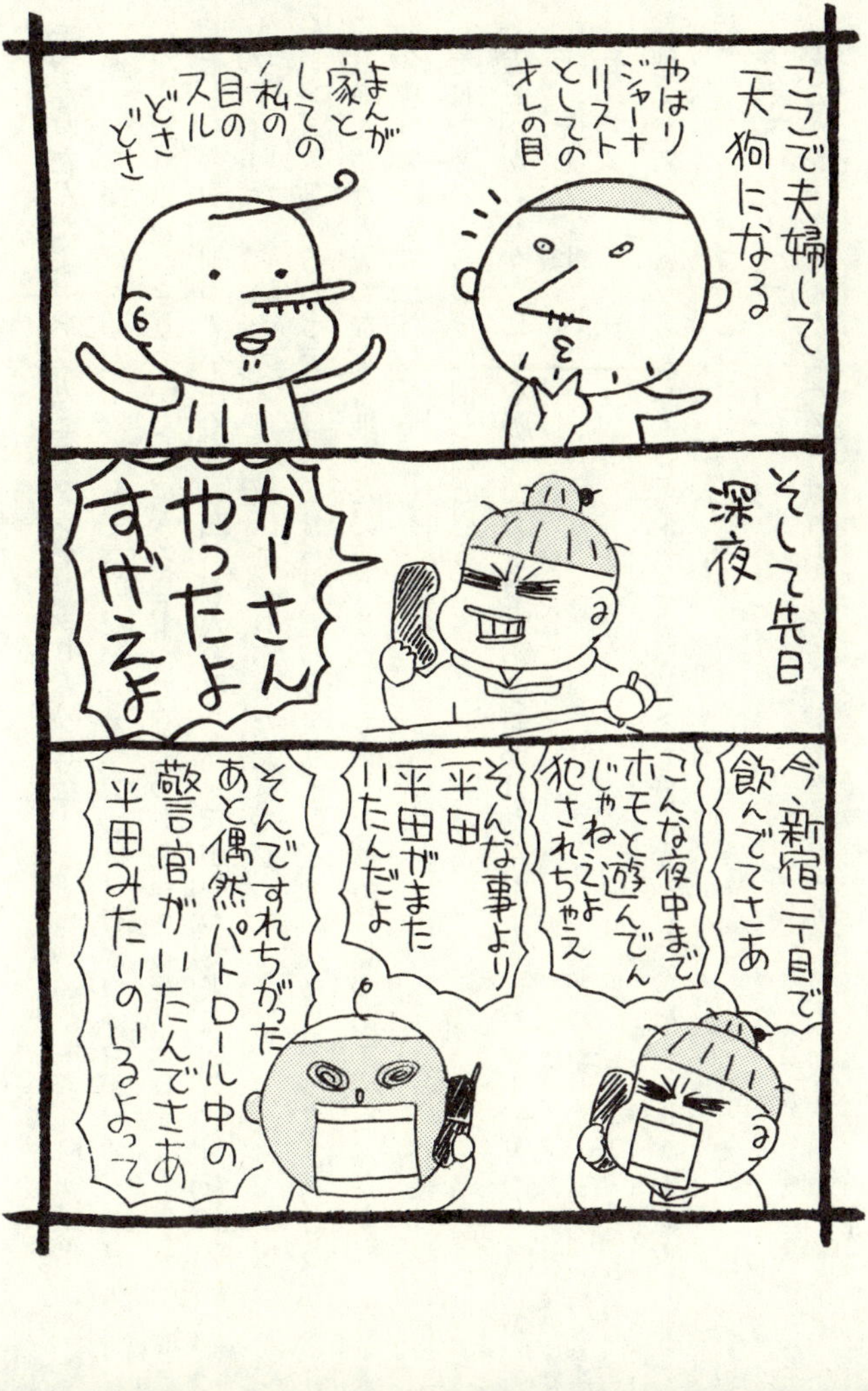
ここで夫婦して天狗になる
やはりジャーナリストとしてのオレの目
まんが家としての私の目のスルどさどさ
そして先日深夜
かーさんやったよすげえよ
今新宿二丁目で飲んでてさあ
こんな夜中までホモと遊んでんじゃねえよ犯されちゃえ
そんな事より平田平田がまたいたんだよ
そんですれちがったあと偶然パトロール中の警官がいたんでさあ平田みたいのいるよって

「壊されたんだよ、アフガニスタンで、タリバン兵に！　あいつら撮影はだめだ！　なんて言いながらカラシニコフ突きつけやがって、頭きたから銃身思いっきりつかんで、うるせーって怒鳴ってやったんだ。そしたらやせ細って小便くさい四、五人のタリバン兵がやって来てさあ、何だかワーワー言いながら俺のカメラ、銃床でボコボコたたきやがって……。レンズは割れるわボディはへこむわで、バッテリーもどっか飛んじゃってさ。ああこりゃだめだと思いながら地べたに座りこんでカメラを置いて見つめていたんだよ」

「タリバンにやられたんだ」

「それであいつら最後に何したと思う？　どこからかバケツに水を汲んでカメラに浴びせかけたんだよ。ビシャーッとな。そ、そしたらね」

「それで？」

「何でだろう。カメラがね、ヒャーッて音立ててさ……泣いたんだよ。ヒャーッてさ。それで、死んだ」

「どこかショートしたんだろうけれど、そうか、泣きましたか」

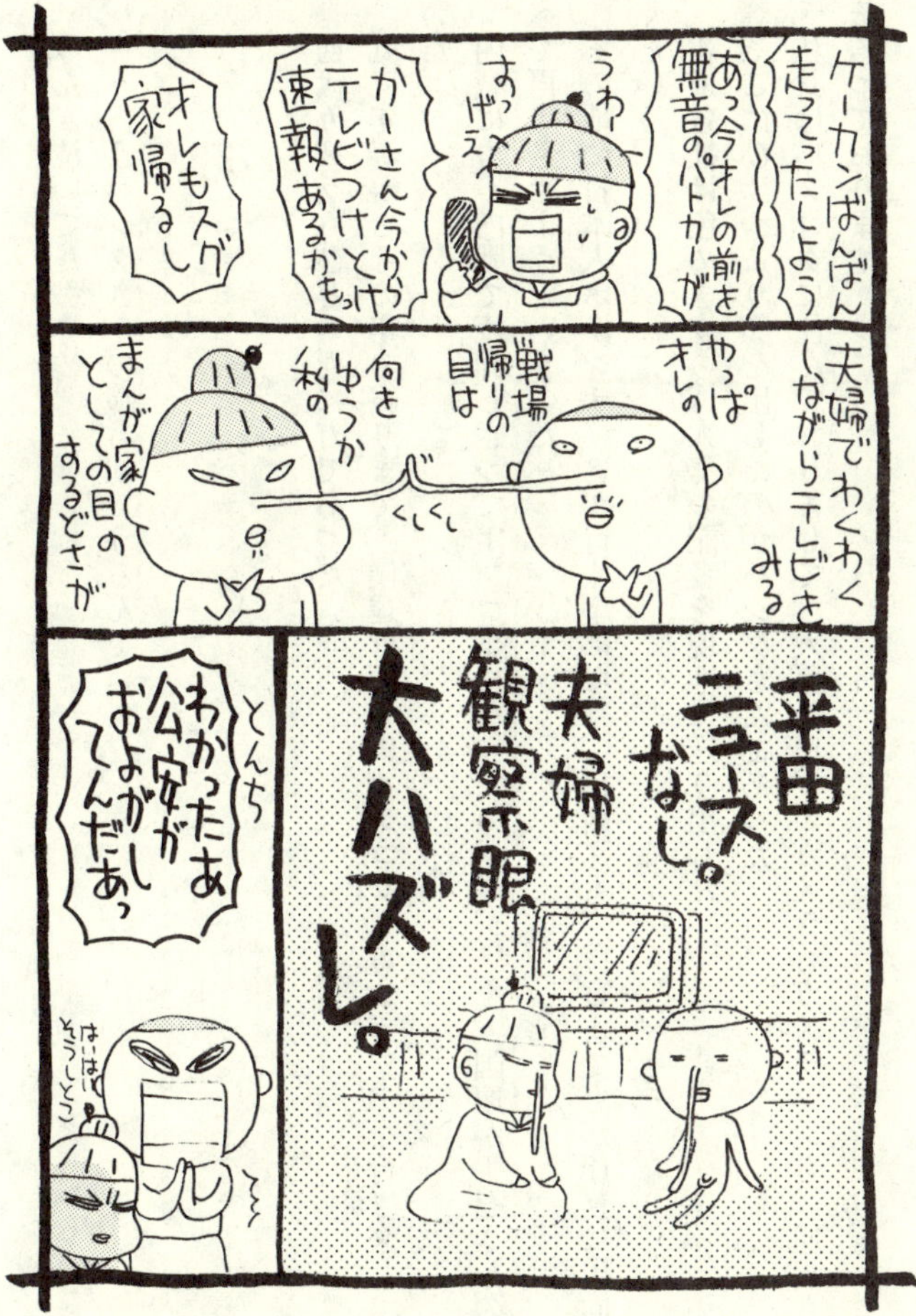
ケーカンばんばん走ってったしよう
あっ今オレの前を無音のパトカーが
うわー
すっげえ
かーさん今からテレビつけとけ速報あるかもっ
オレもスグ家帰るし
夫婦でわくわくしながらテレビをみる
やっぱオレの
戦場帰りの目は
向き
ゆうか私の
まんが家としての目のするどさが
くしくし
平田ニュースなし。
夫婦観察眼大ハズレ。
とんち
わかったあ公安がおよがしてんだあっ
はいはいそうしとこ

「うん。泣いてた」

そう言うハシダさんの瞳も涙でうるんでいた。

2

初代カメラもひどい死に方であった。

九三年春からその年の終りまで、僕達は頻繁にバンコクとカンボジアを行き来していた。

内戦につぐ内戦で疲弊しきってポンコツになったカンボジアを、国連が手をさしのべて再生させようというのだ。

その地に日本人ボランティアが行く事になり、自衛隊も、警官までもが任務に出向くという。

報道各社は色めき立ち、大勢の記者を現地に送り出した。

そこにひょっこり顔を出したのがハシダさんであった。

私共はバンコクに住んでおりまして、大きなビデオカメラもカメラマンも、通訳もそろっております。

何せバンコクですからクルーを現地に向わすのに時間がかかりませんし、交通費もお安いです。

ついでに口約束だけで仕事いたしますので腕の一本や二本無くなったって、後になって補償しろなどとは一切申しません。

あちらこちらを御用聞きをして回ったところ、仕事がいくつも入って来た。

その頃ハシダ事務所にいたカメラマンとは僕の事である。

ビデオテープを出し入れするのもわからない、全くの素人であった。

通訳と呼んでいたのがタカハシという同世代の男であった。

頭は切れるのだが、好物は納豆にマヨネーズをたらしたものという、どうしようもなくバランス感覚のない男であった。

ある日アンコールワットのあるシエムレアップという街で、突然市街戦が起こり、居合せた僕達は撮影に成功した。

何をどのように、どうやって撮ったのかもわからないままであったが、どうしたものか、僕達が撮った映像が、とあるテレビ局で流れ、神様のいたずらか、ついでに〝局長賞〟というものを頂く事になった。

といってももらえる金はごくわずかであるらしく、テレビ局員に支払われるのみで僕達の手元には一銭も入ってこなかった。可哀相に思ったのか、首都プノンペンにいる支局長が晩ごはんを御馳走してくれるという事になった。

ついでにシエムレアップからの航空運賃も出してくれるとまで申し出てくれ、飢えた僕とタカハシ、ケチなハシダさんと三人は取材そっちのけで、いそいそとプノンペンへ向ったのだった。

その当時のプノンペンは国連景気に沸き、街中が活気づいていた。自衛官や文民警官目当ての店も軒をならべ、台湾マフィアが経営するパチンコ屋まであった。

休暇を取ってやって来た自衛官達が〝綱取り物語〟の前に座り、大当りした者がアタッシエケースがいっぱいになるほどのリエル札をかかえ、仲間をつれて街にくり出す姿は日本の田舎町と見間違えるような、のどかな風景であった。

パチンコ屋の向かいに、やはり日本人向けのシャブシャブ屋があり、僕達三人はそこで御馳走になった。

おごってもらっておいて文句を言える立場ではなかったのだが、牛肉はオーストラリア産で、それも凍らせたり、溶かしたりをくり返したらしく、ぼろぼろの、ぱさぱさで、とてもうまいと言える代物ではなく、ただポン酢とゴマだれの味はなつかしく、タレばかりなめていた。

ふと横を見ると、マヨネーズ納豆の好きなタカハシは、もりもりとくたくたのオージービーフをぱくついていた。

「うめえなあ、本当うまいよ、これ」

目を細めて食らいついていた。

「うまいか」

そう聞くと、

「うめえ、シャブシャブってこんなにうまいものとは知らなかった」

「何だよ、タカハシ！　お前、日本でシャブシャブ食った事ないのかよ」

急に顔を赤くしてタカハシは、

「なっ、何言ってるんだよ、食べた事あるよ、知ってたよ、シャブシャブの味なんて……」

カンボジアのプノンペンでタカハシは初体験、シャブシャブを食ったのだった。タイに来る前に新宿の焼き鳥屋で金を貯めた僕のほうが少しは料理には詳しい。

何ヵ月も取材を続けていると知らぬうちにたまった疲労からか、いつしかカメラを持っていながら、つい撮影を忘れてしまう事がしばしばであった。

十キロ以上あるカメラを肩にかついでおきながら撮らないでいるというのは、バカげた苦行のような行為である事にある日気付き、それでもつねに持ち歩いていなくてはならないわずらわしさにいら立ちを覚え始める。

いっそ急に壊れてくれないだろうか、などと考えても、そう上手く行くものではなく、心の中で無理矢理にカメラは今ないのだ、と決めてみたりする。

そうすると体が自然に逃げ始め、本来撮影するべきものも撮らず、五感をひたすら楽しませようとする。

もっとも、撮影で匂いや味など形のないものを表現出来るほどの技術を持ち合わせているわけでもないので、それでよかったのかもしれない。

3

自衛隊が道路を作っている現場へ行った時である。

青天の下、赤茶けたラテライトの乾ききった大地に白い小さな砂利を敷きつめる作業を続けていた。

四十度近い気温の中、皆汗だくになりながら、必死に作業をしていた。

作業風景とインタビューを数人から取っていると丁度《ちょうど》昼食の時間になった。

僕達三人は鼻をくんくんさせる。

風にのってやってきたのはカレーライスの香りであった。

「おい！　昼メシ、カレーらしいぞ」

ハシダさんが耳元でささやく。

僕やタカハシは貧しいのでバンコクにいる時も三度のメシは屋台ものであった。

カンボジアに来てからも一杯二十円の汁そばか、ぶっかけメシばかりである。

「ちっきしょー、もう二年もカレーなんて食ってねーよ」

「カモちゃんはいいよ。オレなんか五年だぜ！　日本出てからそんな高いもん、お目にかかってねーよ」

「腹へったなー」

撮影どころではない。

大きなトラックの給食車からは、香《かぐ》わしい日本のカレーの匂いが漂って来ているのである。

隊員達は皿を持って並んでいる。

僕達三人はその光景をぼうぜんと立ちつくし、眺めるだけであった。

「バンコク帰ったら、カレー食わしてやるから、いつ帰れるか知らんけど、今日のところは我慢しろ！」

「本当ですかあ」

タカハシと声がそろった。

「お前ら、今は平成の時代だぞ！ 欠食児童じゃあるまいし」

「だったらギャラをもっと下さいよ」

「まっその件は追い追いね……」

大人気のない貧乏くさい会話していると、裸の子供達五人がやって来た。

じーっとトラックの周りでカレーを頬張る自衛官を見つめていた。

子供達の瞳をのぞきこむと興味津々に輝いている。

「何だろう。食ってみたいなー」

瞳にそう書いてあった。

ふり返り、タカハシとハシダさんの顔を見つめると、

「食いてーなー」

はっきり書いてある。

それなのに自衛官ときたら、重労働と経験したことのない気温の高さのせいか、大半の者が半分も食べず、青いポリバケツの残飯入れに捨ててしまう。

「うわあ、もったいねえ」

「何て事するんだよ、バカ」

「国家反逆罪で逮捕じゃ！」

口々にそんな事を言いながらも、三人はそろってポリバケツに、にじりよって行った。

バケツの中をのぞきこむ。

カレーとごはん以外のゴミは入っていなかった。小さな赤い福神漬けが見えかくれしている。

後ろをふり返るとクメール人の子供が僕達をじーっと凝視している。

「あっち行け、お前ら！」

タカハシが怒鳴りつけると、子供達はあわてて走って逃げて行った。

「お前、何も怒鳴らなくても……」

そう言いながらも周囲を見回し、誰もいない事を確めると、三人は無言でポリバケツに手をつっこんだ。パクリと食らいついた。

「うめえ、日本のカレーだ」

「ご、五年ぶりだぜ、おい」

「国家財産！」

口の中のカレーライスを飲みこみ、手をさらにのばそうとすると、

「ごちそうさまでした。うまかったよ」

大声で誰かに礼を言いながら自衛官が車のかげから皿を下げにやって来た。

ぱっと身をひるがえし、残飯の前から後ずさりする。

僕らに気づいたのか、

「おっ、記者の方、これはどうも御苦労様です」

と軽く頭を下げ、自衛官は去って行った。

ほっと胸をなで下ろす僕達。食らっていた事には気づかれずにすんだ。

「うまかったな」

「うん。あれは間違いなくボンカレーですね」

「確かに、ボンだ」

「いやあ、あれはバーモントカレーだろ」

「いいえ！　ボンです」

「違うって！　君らは舌までバカか！　バーモントに決まっているじゃないか」

あのカレーは何味だったのか、夜まで議論が続いた。

撮影して来たビデオテープはボツになり、どこもニュース映像として使ってくれなかった。

どの局のディレクターも、

「せめて食事風景があればよかったんですけれど」

口を揃えて不採用の理由を伝えて来た。

肝腎なところを必ずといっていいほど撮っていないのであった。

自衛隊の駐屯していたタケオや、プノンペンにはいくらでも記者はいて、僕達に仕事が回ってくる事はなかった。

だから銃声のよく響く街にいなくてはならなかった。いつもだ。

九三年春のアンコールワット周辺からタイ国境にかけての地域は、カンボジア全土で最もキナ臭い場所であり、ゲリラのヒット・エンド・ランが何の前触れもなく、突然日を変え、場所を変え、起きていた。

ゲリラの作戦情報など、政府側にいる僕達には当然知る事が出来ず、なるべく近くにいて、じっと事が起こるのを待つばかりであった。

シエムレアップの市内は、日が暮れると兵士が検問所を作り、外との行き来が出来なくなる。

何ヵ月も銃声を聞き続けていると、聞えて来る銃声は今いる所からどれくらいの距離で、どの方向で弾《はじ》かれたものかわかるようになり、M16の音なのか、それともカラシニコフなのか、耳が憶えるようになって来る。

夜、スコールがやって来るな、と思えるのはそこら中に身をひそめているカエル達が一斉に鳴き始めるときだ。どっと降り始めると、気持ちが高ぶるのか、それともなにかのおまじないなのか、今度は兵士達が夜空目がけて銃のみだれ撃ちを開始する。

初めのうちはそのものすごい数の大音量に脅え、ホテルの部屋のすみに身をかくしていたが、しだいに馴《な》れてしまい、赤く焼けた弾が夜空へ向って数珠繋ぎに飛んで行くのを窓から眺めるようになった。

市街戦が森に移動しつつある時に、初めて死体を見た。ゲリラ兵が腹からとぐろをまいた腸をぶちまいて流れ出た大量の血の上に静かに横たわっていた。

傍らに一カートンのタバコが落ちていた。

敗走の際、商店に盗みに入り逃げ遅れたのだ。同じ現場にいることに気づき、初めて恐怖を感じた。

しかし毎日のようにどこかで人が殺され、その情報を聞きつけ向っていき、撮影していると、むき出しになった骨や、赤くめくれた肉片も、ふきだした脳にも、ただ目を向けるだけとなり、心が揺れる事も全くなくなってしまった。

毎晩銃声を聞き、朝になれば車を走らせ死体を撮り続けていても、一体自分のしているることが何のためなのか、いくらとろい僕でも疑問を持つようになった。

4

情勢も少し落ち付きを見せはじめた頃、ハシダさんは一度バンコクへ帰る事となった。

それからというものカメラにほとんどさわる事はなく、部屋のベッドに寝かせたまま、僕とタカハシはネタ集めと称しては通訳と一緒に毎日のようにアンコールワット巡りをしていた。

美しい水をたたえたお堀ぞいに歩いてゆくと、数人の漁師が投網を放りこんでいる。

「何が獲れるの」

聞いてみると、

「色々だがウナギが一番うまいぞ」

微笑みながら教えてくれた。

「どうやって食べるんだ」

「スープにして食べる。よかったら今晩家に来るか、カミさんに作らせるから」

身ぶり手ぶりで誘ってくれた漁師の誘いにのり、歩いてすぐの彼の家へと向った。

ニッパヤシで出来た粗末な家が並ぶ、小さな村落であった。

水牛が沼から頭だけ出し、うっとりとした瞳で空を見上げていた。

裸の子供達が自転車の車輪を棒でつつきながらころげるように、走り回っていた。

一面のおじぎ草の上を歩いてゆくと彼の家だった。

部屋の中を見回すと電化製品は何一つなく、すすだらけの鍋が一つ、ステンレスの皿が数枚部屋のすみに置かれている。

村人達は沼の岸辺に集まり、行水をしている。

米を洗い、洗濯をする老婆。

「いいなタカハシ、この景色」

「ああ」

「なんでこの光景に目が行かなかったんだろうな」

「だってこれを撮るのはオレ達の仕事じゃあないだろ。他の人がきれいに撮影してくれるさ」

「じゃあオレ達の仕事って何なのかなあ」

「戦争取材、じゃあないの」

「それって必要な事なのかなあ」

「だってあんまりやる人いないし……」

「——うん——」

「それに、金稼いでさ、普通にカレーライス食べられるようになりたいじゃん」

「まあ、な！」

うなぎスープは薬味たっぷりの〝ガンジャ〟スープであった。

その夜はひさしぶりに深く眠った。

熱血アジアパー伝

1

急にやってきたどしゃ降りの雨のおかげで、街中水びたしになってしまった。

内戦状態に極《かぎ》りなく近いカンボジア。

アンコールワットのあるシエムレアップという街で、いく日も取材をしている内に、季節は雨季へと移り変わっていた。

遠く、ジャングルへとスコールは過ぎ去っていく。まるで天からつり下げられたように見える、うすい灰色をしたスコールのもやを見つめていると、時おり真横に稲妻が走り、しばらくして雷鳴は地面をはげしく揺らす。

冠水した道路では、裸の真っ茶色の子供達がころげまわって水遊びを始め、溜った水の横で大人達はバイクをいとおしげに、ていねいに洗っていた。

「あなた達よりずっと若い頃でした。戦場にいたんですよ、何年もね」

我家は今、子育て中のため、私の母に上京してもらいっぱなしである。
どかどかどかどか
どか
鴨と私の母の淑子と同居。
肩よせあって仲良くできるワケもくな
朝からババァのもんもんあたまーー
ぷんぷん大名
ぐーーー
ぐーーー

スコールを避けるために逃げこんだ、道端にぽつりと立つ、廃材をかきあつめて屋根はニッパヤシの葉がかけられ、どうにか雨風をしのげるだけの小さな茶店の軒先。濃く煮出し、コンデンスミルクが底にたっぷりと沈んだ、甘ったるいカンボジア独特のコーヒーをすすりながら、ムラタさんはポツリとつぶやいた。

名前はムラタであるが彼はカンボジア人である。

正確に言うと、元カンボジア人だ。

数十年前、難民として日本へ渡り、日本国籍を取得したのだった。

「ロン・ノル軍のゲリラ兵だったんです。タイとの国境近くにいましてね。同じクメール人だというのに、敵だというだけで何人も殺しました」

言葉を返せない。ただ聞くばかりである。

「何故、どうしてなんて、考えるヒマすらなかったのですからね。悲劇としか言いようがない」

ムラタさんは日本で過ごした五年間、必死で言葉を学び、漢字の読み書きまで覚えた。

「ジャングルの中での戦闘の時でした。

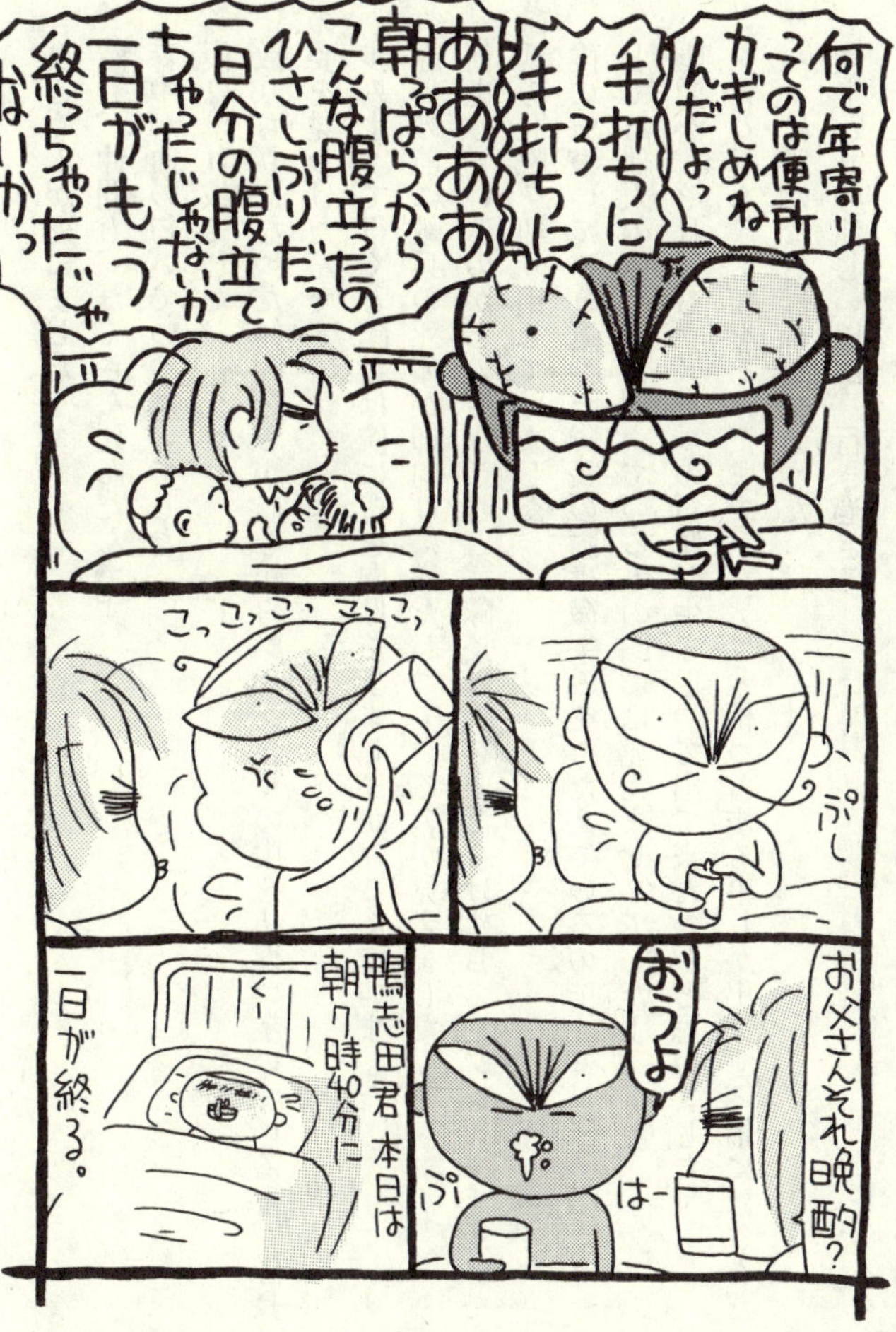
何で年寄りってのは便所カギしめねんだよっ
手打ちにしろ
手打ちに
あああああ
朝っぱらからこんな腹立ったのひさしぶりだっ
一日分の腹立てちゃったじゃないか
一日がもう終っちゃったじゃないかっ
こっこっこっこっこっ
ぷし
お父さんそれ晩酌?
おうよ
ぷ
はー
鴨志田君本日は朝7時40分に
一日が終る。

ひどく人が死にました。

敵も、仲間も、たくさん死んだんです。

森中が血の匂いでいっぱいでした。

僕は十九歳でした。

散りぢりになった仲間をさがしながらジャングルの中を彷徨《さまよ》い歩いていると、隊長の姿を見つけたんです。

歩みよって行くと隊長は僕に背を向けたましゃがみこんでいました。

隊長の前に敵兵の死体が仰向けに横たわっているのが見えました。

何をしているのかとのぞきこむと、隊長は腕を血だらけにしてレンジャーナイフで敵兵の肝臓を切り出していました。

僕に気づいてふり返った隊長の瞳は微笑みをたたえているのです。

とても他人の体を切り開いている人の顔には見えませんでしたよ。

幽霊か、それともクメールの石像が生き返って出て来たのかと思いました」

タカハシも僕も口をあけたまま「ハア」と相づちする事しか出来ず、指にはさんだタバコは灰になるばかりであった。

雨上がりの涼しい風が、行き過ぎる。

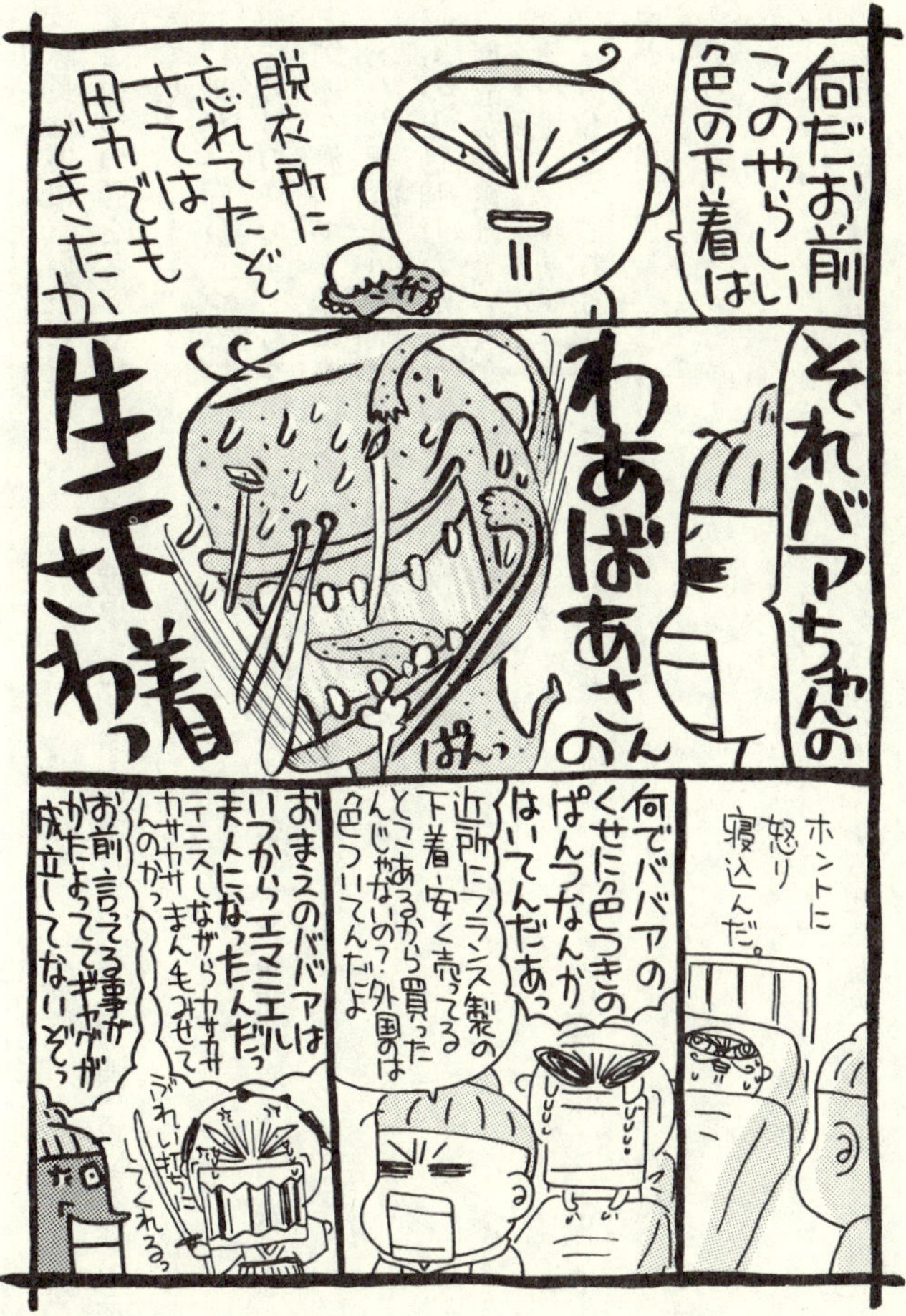
何だお前
このやらしい
色の下着は
脱衣所に
忘れてたぞ
さては
男でもできたか
それバアちゃんの
わあばあさんの
生下着
さわっ
ぱんっ
ホントに
怒り
寝込んだ。
何でババアのくせに色つきのぱんつなんかはいてんだあっ
近所にフランス製の下着安く売ってるとこあるから買ったんじゃないの? 外国のは色ついてんだよ
おまえのババアはいつからエマニエル夫人になったんだっ
テニスしながらカサカサまん毛みせてんのかっ
お前、言ってる事がかたよっててギャグが成立してないぞっ
ぶれい打ちにしてくれるっ

「隊長は僕に言いました。

こいつの肝をお守りにするんだ。戦場で死なずにすむぞ。食えば弾に当たっても死なないぞ。

お前もいるか、ってね。

その日の晩です。もう戦いがいやでしょうがなくなって、仲間を捨て、一人でそっと国境を渡ってタイに逃げたのです。

あなた達はよい時代に、よい国で生まれたのですよ。

もっと勉強しなくてはね、フフッ」

何故か最後は笑いながら僕達を非難した。

——あっ、いかん。カメラ回してなかった——。

いつもこうである。今まで誰からも聞いた事のない貴重な話だったのに、やっぱりまただ。

2

ムラタさんは僕達のボスであるハシダさんが古くから知る友人であった。

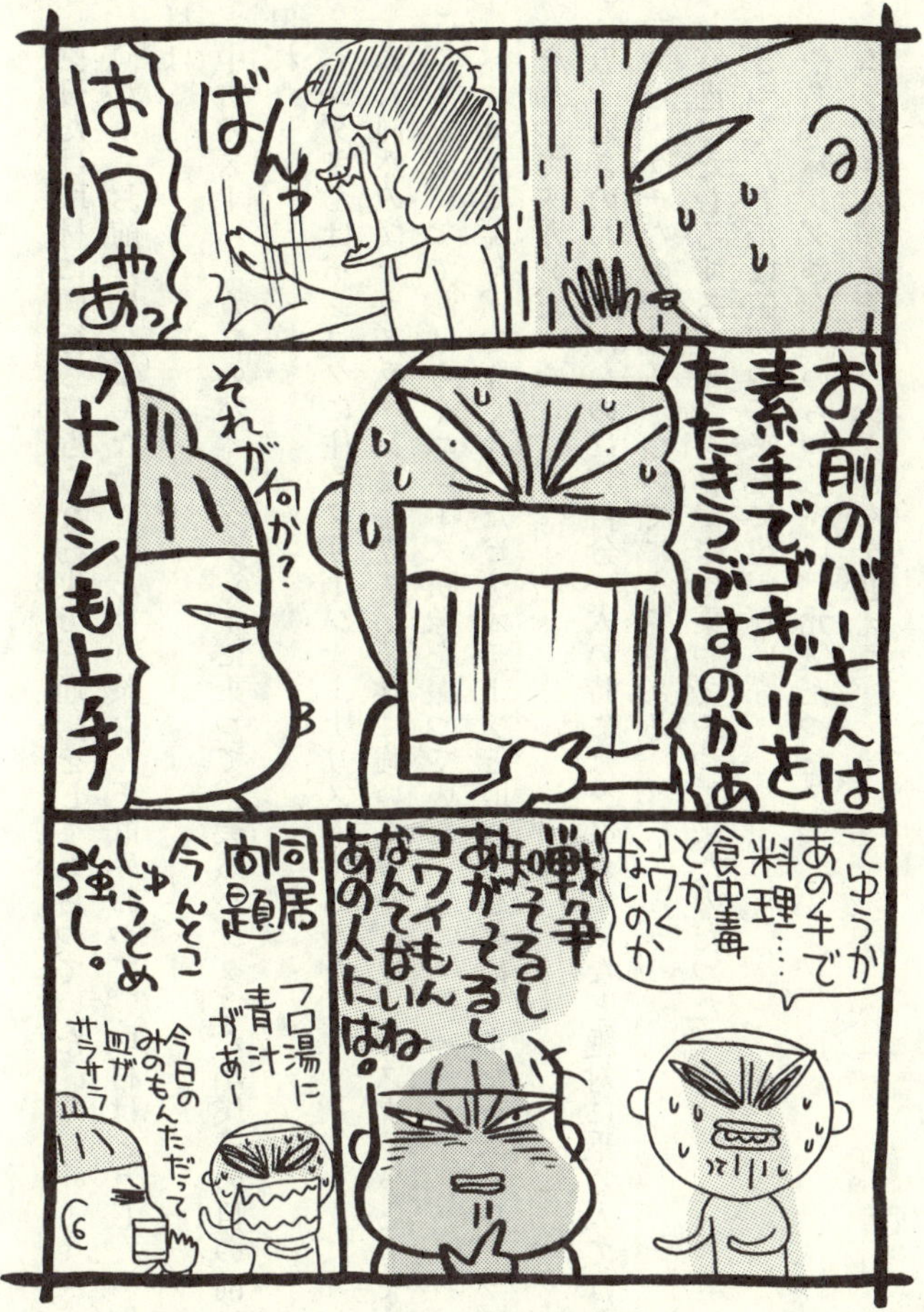
ばんっ
はうりゃあっ
お前のバーさんは素手でゴキブリをたたきつぶすのかあ
それが何か?
フナムシも上手
てゆうかあの手で料理…食中毒とかコワくないのか
戦争やってるしあがってるし
コワイもんなんてないね
あの人には。
同居問題今んとこしゅうとめ強し。
フロ湯に青汁があー
今日のみのもんただって血がサラサラ

三日だけ取材に同行してもらう約束で、通訳をしてもらっていた。

「何だ！　お前らは。こんな所でのんびり茶なんぞ飲みおって。取材はどうした、取材は」

中古のスーパーカブのバイクタクシーに乗って、突然ハシダさんが僕達の目の前に現れた。

ハシダさんはバンコクに住むフリージャーナリストであった。

素人同然の僕をカメラマンに仕立て、語学に強いタカハシをアシスタントとして、ここカンボジアでしばらくニュース映像を撮っていた。

バンコクに戻り、少なくなったビデオテープと取材費を集め、またシエムレアップへと帰って来たのだった。

五十過ぎのおっさんなのに、自分一人の時にはタクシーになど絶対に乗る人ではなかった。ケチなのである。ついでにタフである。

空港にたむろするバイクタクシーに乗ってやって来たのだった。

きっと五ドルは値切って来たに違いない。

「やあ、ハシダさん、いらっしゃい。元気だった？」

ムラタさんが笑顔でハシダさんを迎えた。

「いそがしいのに悪いね、無理いっちゃって。三日間だけ通訳、おねがいします」

何故三日間だけなのだろう。

こんなに上手な日本語を話せる人なのだから、ずっと一緒にいてもらえばよいではないか。

タカハシも同じ事を考えているのか、不思議そうに首をかしげていた。

「さて、雨も上って、元ゲリラのムラタさんもいる事だし、ジャングルでも行ってみるかっ、なあ」

「いいですよお、ドライバーも優秀な者選びましたので、フフッ、彼も現カンボジア首相になったフン・センの軍の勇猛な元ゲリラ兵です」

「よし、決まった。タイ国境沿いに向かって出発だ。おっと君らにおみやげだ。二人でよくがんばったからなっ。仲良くわけてね」

瞳を輝かせながら、ハシダさんが旅行バッグの中から取り出すものを見つめていると、〝都こんぶ〟一つきりであった。

ヌードグラビアののっている日本の雑誌とか、新品のTシャツとか、もっと気のきいたおみやげはないものだろうか。

何故、都こんぶなのだ。

それも一つきり。

知らぬ内に僕達は涙目になっていた。

「ところで、ムラタさんは何で三日間だけなんですか？　もっと同行してもらった方が……」

タカハシがハシダさんに問い質した。

「いいの！　君らが心配する事じゃあないの、ほらジャングルへ出発だ！」

わからぬまま、僕達はデコボコの、ぬかるんだ赤土の道を走り出して行った。

悲劇の始まりであった。

ハシダさんはポル・ポト派ゲリラを捜していた。見つけ出し、彼らのインタビューを撮影したいのだった。

そのために元ゲリラ兵、ムラタさんを通訳に雇ったのだ。

「ムラタさん、この小道の奥さあ、ポト派いないかなあ」

車の中で唐突にそんな事を言い出すハシダさん。

ここが不思議なところなのだが、ポル・ポト派にはさんざんな目にあったはずなのに、住民の一部はゲリラと共存しているふしがある。

逃げまどう事しか出来なかった人達にとって、今となっては危害さえ加えられなければ、政府軍兵士も、野武士のように目つきの悪い民兵も、ゲリラ兵も皆同じという事か。

住民のほとんどはポト派の居場所を知っていた。

気付いていながら逃げ出そうともしない。

僕には理解出来なかった。

クメール語でドライバーと何事か会話をし、車を停め、近くにいる住民に話を聞いてまわるムラタさん。

「前はいました、でも今はいません、村人はそう言ってますが……」

「そうかあ、いなくなったかあ。じゃあもっと先へ行きましょう」

三日間、このくり返しであった。

毎朝、小さな民宿を出て、地図をにらみつけながら、デコボコの赤土の道を揺られつつゲリラめざして車を走らせた。

決まって同じ時間にスコールがやって来て、そのたびに古ぼけた日本製の車はエンジントラブルを起こし、どしゃ降りの雨の中、泥まみれになりながら押しがけをしなければならなかった。

雨季だというのに、僕達はかさも雨ガッパももっていなかった。

カンボジアで〝クロマー〟と呼ばれる綿で出来た手ぬぐいほどの大きさの布一枚が、雨をしのぐための唯一の持ち物であった。

エンジンが止まるたびに車を降り、柳の下の女郎のようにクロマーを頭にかけ、「よいしょ」と後ろから何度も車を押すのである。

雨具もない、立派な四駆車もない。

何故か……、僕達は貧乏な虚無僧なのであった。立派なのはムラタさんだけである。

3

ムラタさんが通訳をしてくれる最後の日の事だった。夕暮れが近づいて来た。日が沈んでからはゲリラどころか、民兵も政府軍兵も、山賊に早変わりする時間である。すぐにどこかの村へ行き着き、その日の宿を見つけなければいけない時刻であった。

「じゃあ、ここで車停めて、これでだめならあきらめましょう、ハシダさん」

そう言って車を降り、道にたむろする村人達に質問をするムラタさん。

ムラタさんの問いに村人達はさわぎ出した。

大声を上げ、大きなゼスチャーで、必死に何事かをわめいている。

ムラタさんの顔を注意して見ていると、一瞬顔が変わった。

あわてて車内に戻るなり、

「いやー、ポト派はいませんねえー、さ、行きましょう」

せわしなくドライバーに言葉を発し、その場を去った。

僕達は気付いていた。

ムラタさんが嘘をついている事を。

ふと見るとハシダさんは、

「ウム」

と一人うなずいていた。

その夜、僕達は小さな村の売春宿兼用の民宿に泊まった。

壁をはう何匹ものヤモリはひっきりなしに「チチッ」と鳴き、宿の外からはうるさいくらいの虫の音が、いつまでも鳴り響いていた。

「いま、いいかな」

ベッドに横になり、天井の大きなファンが回転するのをぼうっと見つめていると、いつの間にかムラタさんがやって来て、あぐらをかいて床に座った。

「カモちゃんはどうしてカメラマンに、戦争を撮るカメラマンになりたかったの？」

「自分でもまだよくわかりません。知らない世界を見たかっただけなのかもしれません。きっと自分で選んだこの仕事の意味がわかるのは、死ぬ間際ではないかと思っているんです。いつまでもわからないままなんですよ」

「……そう、それだけ？」

「本当に、思いついたままに、いつの間にか、ここまで来ました」

「君は他人の肝をお守りにするなんて、どう思うかな」

「バカげてますよ、そんな話」

「うん、僕もそう思うな。でもね、隊長はね、家族があってね、生まれたばかりの子供までいたんだ。

死にたくなんかないんだよ、誰も。

戦場で頭がバカになっちゃっているけれど、やっぱり恐しいもんなんだよ。

飛んで来る弾や、どこにあるのかわからない地雷や、マラリヤだっていやだよ。

カモちゃんは戦場で死にたいかな？」

「いやですよ、でも死ぬなんて考えた事一度もないな。どうしてか、死ぬはずがないと、いつの間にか勝手に思いこんでしまっています。

　でも、道端にうっすらと目をあけて気持ちよさそうに空を見つめたまままころがっている死体や、線香のけむりの立つ作られたばかりのこんもり土を盛ったお墓に出会ったりすると、ああこのままここでどうなってもいいかなあ、って思ったりもします」

「僕はね、戦いの中でたくさんの人を見て来た。君は死にたい人の顔をしているよ。いけないよ、よい国で生まれたんだから、しなくちゃ、もっと勉強を。

　明日、僕はいなくなる。きっと君達は気づいていて、あのポト派のいる場所へ行くだろう。行くなとは言えないけど、とにかく死んじゃだめだよ、話はそれだけさ、じゃ今晩はゆっくり眠って下さい」

　バタリ、と静かに扉をしめ、ムラタさんは出ていった。

　死にたい人の顔をしていると言われた。

　いつまでも寝付けないままであった。夜が明けるまでガンジャを吸い続けた。

　ムラタさんは早朝のバスでプノンペンへと帰って行き、僕達三人は何も言わず、同じ想いでポト派のいる村へ行った。

　オンボロバスに乗りこもうとしたムラタさんは、僕達にふり向きながら、

「私はあなた達を止めませんから。今回無理やりに行くのを止めても、いつかまたど

こかで同じ事をあなた達はするのです。

だから何も言いません。

ただ、くれぐれも気を付けて、無理はしないように、ね」

4

村に到着すると、あっという間にゲリラにつかまり、身ぐるみはがされた。

ゲリラ達も、昨日すぐ近くまで僕達がやって来たのを、どこからか聞きつけていたのだった。

まったくの待ちぶせである。

砲弾があちこちに作った傷あとののこる、誰一人村人のいない静まりかえった小屋の建ち並ぶ場所に降り立つと、すぐさま物かげからまだうら若い中国人民軍の軍服を着た七人の兵士がカラシニコフを腰だめにしながら、ゆっくりと近づいて来た。

ポル・ポト派兵士であった。

ハシダさんが必死に説得しようとタバコをさし出しながら話しかけても、兵士の態度は変わらなかった。

鼻先にロケットランチャーをつきつけられる。

完全なホールドアップであった。

心の中で、

「あっ、やっぱり死にたくなんかないや、こんな銃でおどされて、殺されるなんていやだ」

自分の本心に気付いた。

新しく雇ったドライバーの運転していた車ごと、すべてうばわれてしまった。

命の次に大切なビデオカメラも、持って行かれた。

完全に銃に敗《ま》けた。

「ハシダさん、ムラタさんと一緒だったら、こういう事にはならなかったんじゃあないですか？」

タカハシがつぶやいた。

「……そうだったかなあ」

「でもムラタさんは僕達に嘘をついて、ここにゲリラはいないって言ったんですよ。今日も一緒にいたら、ここに来る事すらなかったんですからねえ。ゲリラを見られる事もなかったわけだし、どっちがよかったのか」

「そうだ、貴重な体験だとも言えるわけだ、君らにとってはな」

「何言ってるんだか。でもやっぱりわからないのは、どうしてムラタさんに三日間だけしか同行してもらわなかったんですか、わかんねーなー」

都こんぶがポケットに入っているのを思い出し、ジャングルの中、三人で分けあってかじりあった。

ゲリラに取られずにすんだのは、パスポートとこの都こんぶだけであった。

「ごめん、カモちゃん、タカハシ。

ムラタさん、日本語が上手いだろう。あのさあ、ギャラが高くって、三日間がハシダ組では精一杯だったんだ」

「ギャラが高い？ それだけの理由で？ 持って行かれたカメラの事考えたらまるで損じゃないですか」

「そうだったなあ、失敗だったなあ」

「そうですよ！」

僕達はこんぶをかじりながら、いつまでも立ちつくしていた。

めぐらす想いまですっぱくなる。

ゲリラに持って行かれたカメラは、記者仲間の話によると、ポト派ゲリラに通じているタイ人のフリーカメラマンが約三十万円で買ったのだそうだ。

しかし、一度盗品扱いになったカメラは壊れても修理に出す事は出来ない。

いつしかハシダさんの初代カメラは壊れて鉄クズとなり、ゴミの山にうもれてしまったに違いない。

僕達の元へ帰って来る事なく、寂しい最期を迎えたのであった。

今になって思う。ムラタさんは元ゲリラ兵の鋭い勘で、命までうばわれる事はないと、確信していたのではないだろうか。

でも、だったらもう一日くらいノーギャラでつき合ってくれてもよかったのに……。

想い出すたびに、おいたを怒られる犬のような気分になる。

熱血アジアパー伝

1

ただ何もせず、座っているだけでも汗が体中からふき出して来るバンコクの真夏の午後。滅多に鳴る事のない電話がかかって来た。

「ひさしぶりの仕事かな……」

いそいそと受話器を取り、元気よく、

「はい、かもしだですが……」

名乗ろうとした刹那、受話器の向こうから、

「い、いますぐウチに来てくれーっ、大変だ！　ケーッ、警察がふみこんで来たーっ」

ハシダさんの怒鳴り声が聞えて来た。

「な、なんですか、どーしたっていう……」

とあるお店で
かたまってる鴨ち。
だめだあ
いつまでたっても
だめだあ
ハマキ
ハマキき
みると
その先に
モニカの
まんこがみえるう゜

「いいから説明はあとでするから、こいつら、あーっまっ待てって、手錠かけられそうなんだよ。とにかく早く、来てくれ！」

なんのことやらわからぬまま、アパートを飛び出した。

横町にたむろしているバイクタクシーをつかまえ、

「とにかく飛ばせ、信号無視で」

と行き先を告げた。

「急げ」

大声を出すと本当にうれしそうな顔をして、やみくもに飛ばしたがるバイクタクシーの若い運転手は「オーケー」と低い声でうなるとエンジンをふかし、ウイリーをしながらバイクを急発進させた。

ハシダさんの住むマンションの前にはパトカーが二台停まっていて警官が無線連絡をしていた。

何があったのかと大勢の野次馬達が集まり、門をとりかこんでいた。

顔見知りの門番に軽く手を上げ、ハシダさんの部屋へと走って行くと、ニコニコとハシダさんと警官はおしゃべりをしていた。

「おう、カモちゃん。どうしたの」

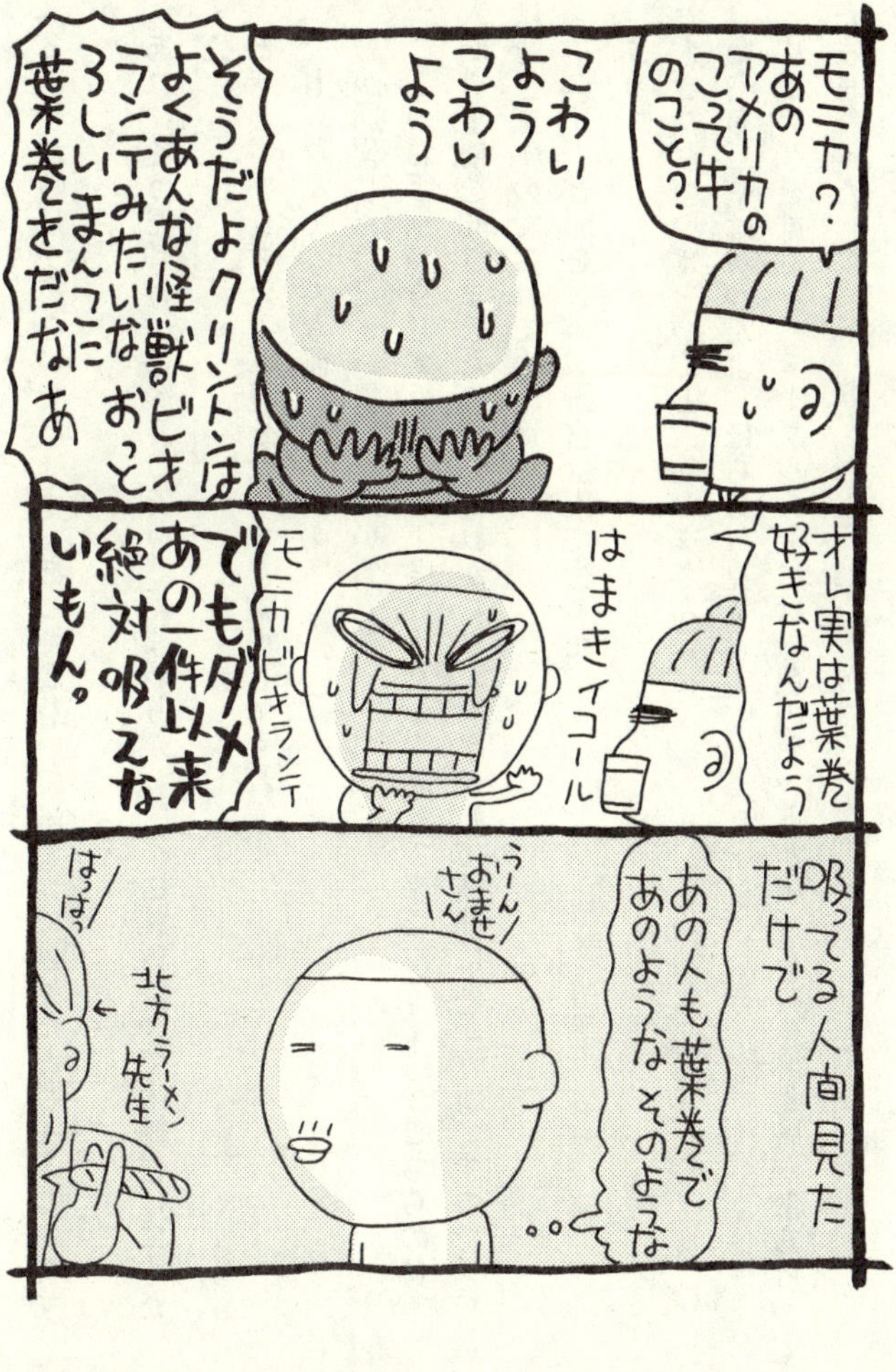
モニカ？あのアメリカのこえて牛のこと？
こわいようこわいよう
そうだよクリントンはよくあんな怪獣ビオランテみたいなおっとろしいまんっこに葉巻きだなあ
オレ実は葉巻好きなんだよう
はまきイコール
モニカビオランテ
でもダメあの一件以来絶対吸えないもん。
吸ってる人見ただけであの人も葉巻でそのようなあのような…
うーんおませさん
はっはっ
北方ラーメン先生 ←

「どーしたのじゃあないでしょう、あんたが急いで来いって言ったんじゃあないですか」

「あれ、そうだっけ。あっそうそう。おまわりがね、不法就労だって因縁付けに来たんだ。ビザと、プレスカード見せたらすぐ納得してくれたよ」

「でも、なんでこんな話になったの」

誰が通報したんだと、警官を問い質した。

「ここのお手伝いをしていた、ターという女が電話して来たんです。今こちらの日本人から事情を聞きましたので、これからターをさがして逮捕に向かう所ですので。では急ぎますのでこれで……」

パタリ、と扉をしめ、警官は出て行った。

「ふう」

大きくためいきをつくと、ハシダさんは、

「いやあ、やばかったよ。ほらあれ見て……」

リビングを見ると、テーブルの上には緑色のマットが広げられ、麻雀牌が散らばったままだった。

あんたフダンやってる事もしょぼいけど考えてる事もしょぼいなー
アサ芸とゆう名の妄想の泉
オレでさえこんななんだからさあ
アメリカのコカンの油ゼミがわんわんいって止まらない8歳から28歳くらいまでの青年達はどんなに苦しんでいるか
オウシガー
モニカー
ノーファーック
シガーモニカー
ヘルプミー
ビオランテ

「麻雀を通報されたのかと思ってさ、終わってすぐだったんだ、警官がやって来たの……」

タイ人は博打が大好きである。

仕事もしないで博打ばかりするので、法律で禁止されていた。

もし現場にふみこまれでもしたら大変な罪に問われる事になると聞いた。

しかしもし捕まったとしても、罰金は全て警官のポケットに消えて行く、とも聞いていた。

「しかし、ターさんたらひどいよなあ、あいつ俺が血のしょんべんたらしながら戦場で稼いだ金を持ち逃げしやがって」

「俺じゃあなくて、俺達でしょ。なに、金庫ごと持ち逃げされたの、い、いくら」

「ごめん、カモちゃんのギャラも、全部。それに俺金庫持ってなかったんだ……。あそこに入れっぱなしだったんだよ」

弱々しくハシダさんは木製の机を指さした。

ひき出しを引くと紙幣は一枚も入っていなかった。コインが数枚のこっていた。

「大丈夫。銀行に預金した分があるから。でもいたいよ。当座の生活費全部やられちまったから。さっきめずらしく麻雀で勝った分がポケットに入ってるだけさ、ほら」

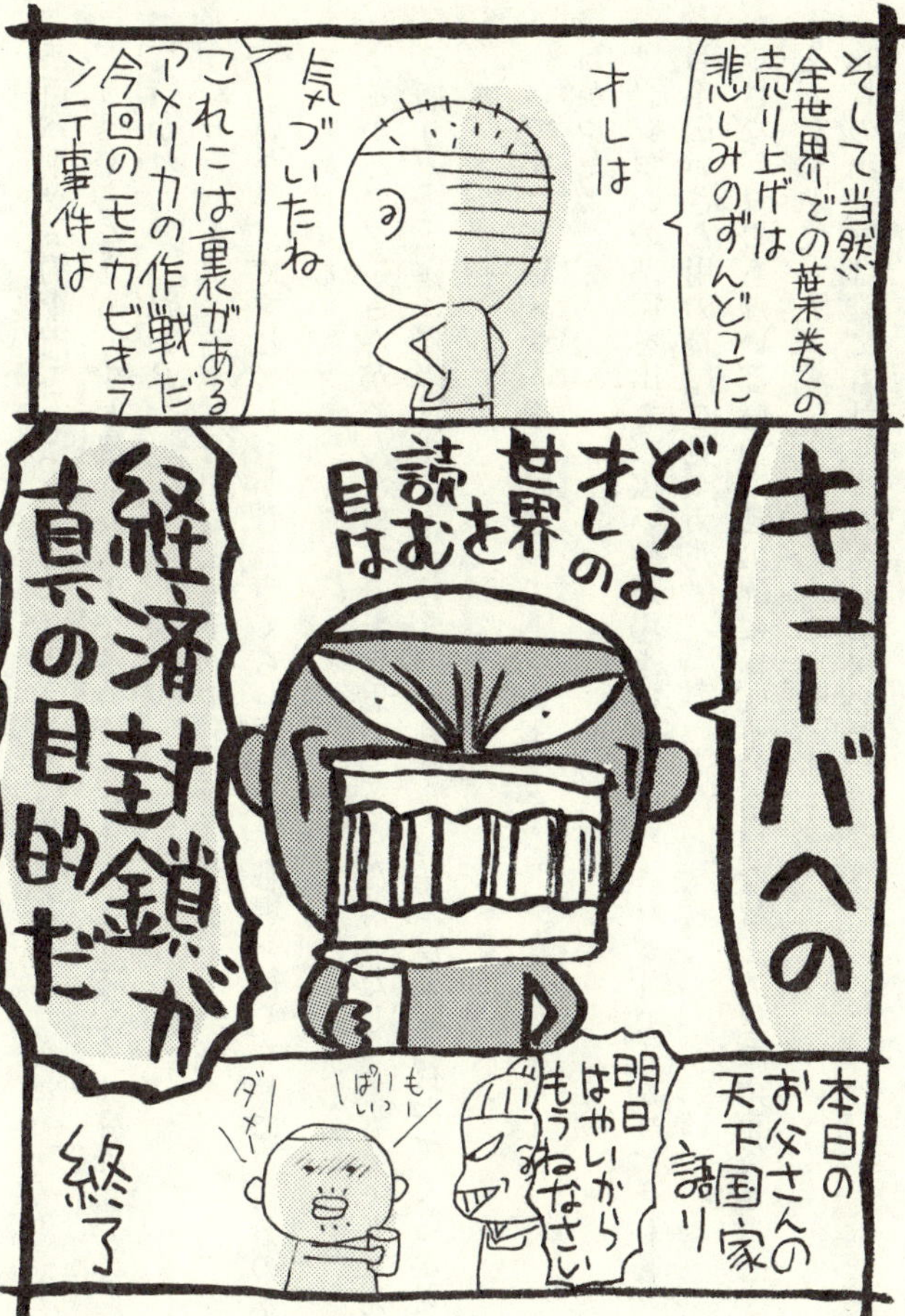
そして当然
全世界での葉巻の
売り上げは
悲しみのずんどこに
オレは
気づいたね
これには裏がある
アメリカの作戦だ
今回のモニカビキランテ事件は
キューバへの
経済封鎖が
真の目的だ
どうよ
オレの
世界を
読む
目は
本日の
お父さんの
天下国家
語り
明日は
はやいから
もう
ねなさい
もー
いっぱい
ダメ
終了

三百バーツ（約千円）、そっと広げて見せてくれるハシダさん。

「どうせやるならもう少し高いレートでやりなさいよ。ところでターさんにいくら持って行かれちゃったの？」

「うん五万バーツ（約十七万円）と三千ドル。」

「……いたい、ですね。しっかし金庫くらい買えよ。戦場へ行くくせに、自分の基地がでたらめじゃないですか」

「まさかあのターさんがそんな事するとは思いもよらなかったし。でもカモちゃんの言う通りだ。一緒に銀行いってくれないかな？　ついでに金庫買ってくるからさ……」

「いいですけど昼メシくらいおごって下さいよ。全くドジなんだから……」

「わかったよ」

マンションの部屋を出て、広い駐車場を横切る時、ふとターさんがずっと住んでいたお手伝いさん用の長屋を見つめた。

小さな、三畳もない部屋の木製の扉には、不釣合いなほど大きな南京錠が、しっかりとかけられていた。

昨晩の出来事は誰にも話すまいと心に決めた。

2

バンコクに住む日本人の多くは、スクムビットという大通りに面したエリアにあるマンションで生活をしていた。

僕のような独身で、なおかつ生活してゆくのがやっとの人種にも、それなりに安アパートがあり、月に一万円も払えば暮して行けた。

一方、長期出張組で家族も連れて来ているような人々は、百五十平米以上はゆうにある、プールつきのおよそ日本では考えられないほどの大きなマンションに暮していた。

日本人同士の交流や、セキュリティを考えると、どうしてもそうなってしまうもので、なおかつ人件費が安い事もあって、ほとんどの家族はお手伝いさんを雇っていた。

お手伝いさんにもいくつかのランクがあり、タイ語しか話せない人などは住みこみで三度の食事作りから掃除、洗濯全てこなし、十二時間労働だとしても月に日本円にして二万円も払わなくとも、いくらでも働き手はいた。

英語や日本語が話せると給料はさらに高くなって行くが、お手伝いをする女性のほとんどが小学校もろくに行けなかった人達で、第二外国語を話す女性は独学で学んだ、ベテランの勤勉な中年ばかりであった。

タイ語で〝お手伝い〟を〝ヤー〟と呼ぶ。

日本人はそれに〝さん〟を必ずといってよいほどつけ、どこの主婦も〝ヤーさん〟と呼んでいた。

日本人の集まる喫茶店などで、主婦達の会話を聞いていると、よく、

「うちのヤーさん働かなくて……」

と、お手伝いの悪口をよく話しているのを耳にする。

一方お手伝いさん達は雇い主の事を〝ナイハン〟と呼んだ。

直訳すると〝ナイハン〟とは〝御主人様〟という意味である。

事あるごとに、

「ナイハン、今日のおかずは……」

「ナイハンお洗濯終わりました」

と、全てにおいて必ず会話の頭に〝御主人様〟をつけなくてはならないようで、いちいちそう呼ばれていると、いつの間にか日本ではサンマの脂が焼ける煙にまみれて

いた主婦達がずうずうしくなるのも、いたしかたない事かもしれない。

ターさんが、ハシダさんの所へやって来たのはかれこれもう三年前に溯る。

バンコクにある日本人会の紹介であった。

タイ語しか話せなかったが、よく気のきく働き者であった。

料理も手早く上手で、どこで学んで来たのか、魚の煮つけや、玉子焼きなど、ちょっとした和食ならさっと作り上げ、僕もよく彼女の手料理を御馳走になった。

「自分が貧しくて勉強出来なかったから」

というのが口ぐせで、十五歳になる一人息子は絶対に高校までは行かせるのだと決意していた。

だんなはもうずっと前に外に若い娘《こ》を作っていなくなったと話していた。

褐色のよく日焼けした肌は三十代半ばにしてははりがあり、胸も腰も程よく肉づき、それはそれで中年女性の美しさは、きれいに着かざれば妖艶だろうと想像させた。

長い黒髪は秘かな自慢らしく、いつも小さな髪かざりをつけていて、あぐらをかいた小さめの鼻や、ぽってりした唇などは、見ようによってはそそられるものがあった。

3

銀行で預金を下ろし、手さげのような小さな意味を全くなさない金庫を買い、ハシダさんと和食屋に入った。

「やられちゃったね」

タバコの煙をふーっとはき出し、ぽつりとハシダさんはつぶやいた。

「でも、まさかターさんがそんな大それた事するとはなあ」

「……ターさん。男にだまされたんだよ……」

「おとこ、まさか……」

昨晩ターさんが僕の目の前ですすり泣いていた理由がわかり始めた。

「ほら、この頃見かけなくなった弟って奴いたろ、なーんか全然ターさんに似てない色白の……」

「はあ、なんか水商売やってそうな、えらく歳のはなれたあのなよなよした奴でしょ」

「あいつね、ヒモだったんだよ、ターさんの。弟なんて嘘だったんだよ。ターさんから金引っ張るだけ引っ張って、消えていなくなったんだってさ。

　ホストだったんだって」

「誰から聞いたんですかその話」

「他のお手伝いさんからだよ、昨日の晩にね。昨年ターさんによく働いたからってボーナスあげた事があるんだ。魔が差すってこういう事いうんだな。

　その金で友達に誘われて行っちゃったらしいんだ。安いホストクラブへね。それではまっちゃったらしいんだ。あの男にね」

「…………」

「それからさ、何か変だなあって思ってたんだけどね。なんだか机の中の金が減るのがはやいなあと思ってたんだ。

　ほら俺麻雀負けてばかりだから、それでかなあ、と思って。よーし負けないぞーって気ばってたんだけれどね……」

「ワハハッ、負けがこんだと勘違いしてたの、バッカだなあ、数えればいいじゃないの。簡単な話じゃないか」

「いやあ俺銃弾の下くぐるの上手なんだけど、金勘定へたでさ、八以上はいっぱいになっちゃって、わからなくなっちゃうんだよ」

「それは僕もあまり差はないですけれどね、でもそれにしてもあんたボスなんだからさ、たのむよ、たのみますよ全く」

「いやあ本当だ。それでさ、駐車場のわきにお手伝い長屋あるだろ、夜になるとあの若い男やって来てはターさんと、ほら、してたらしいんだよ。両隣りつつぬけだったらしいんだ。でもみんな苦労人じゃないか。だからターさんの気持ちわかってやってたみたいで、お手伝いさん達の間では噂話になってたらしいんだけど、俺達日本人の耳には一つも入ってこなかったんだ」

ハシダさん宅を訪れると、よくその弟と呼ばれている男と出会った。色白で華奢な体付きで、欧米人とのハーフのような目鼻立ちのはっきりした顔立ちの若者であった。

どうしてこれが、茶色く日焼けして田んぼの畦道《あぜみち》を歩いてやって来るようなターさんの肉親なのか、いつも不思議でならなかったが、

「私の歳のはなれた弟なの」

と屈託のない笑顔でターさんに紹介されれば、ただ頷くしかなかった。

それとは対照的に、若者の瞳は冷えきり、一度たりとも笑う事がなかった。

「ターさんさあ、中古車を弟に買ってやったろ、なんでそんな金持ってるのか不思議

だったんだよ、ぼーっとしてたよ、俺」

「ワハハッ、あの金だったの、あの机のひき出しのむき出しになったままの金で中古車買われちゃったと……」

「……うん。そうなの……」

「本当におつむあったかいよなあ、しっかりしてくれ五十五歳！　なに五万バーツくらい一気になくなってたでしょうが」

「……うん。麻雀いっぱい負けちゃったし……」

「あんな安いレートでやってて、そんな大金いっぺんに無くなって、どうして気づかなかったのさ」

「だからあ、俺は八以上はいっぱいなの、いじめなくたっていいじゃないか！」

つい大声を上げたハシダさん。話が耳に入ったのだろう。すぐ横で食事を摂っていた日本人の主婦が、口から米つぶをふき出した。

肩をふるわせながら笑いをこらえていた。

「ワハハッ、わかりました。無くなったものはもうしょうがないから、僕のギャラさえ払ってくれればいいんですよ。ねっ」

「払うよ、払えばいいんだろ、全く」

逆ギレする中年男であった。

4

半年ほど前、ハシダさんのマンションにある広い駐車場で男とターさんは年代物のカローラに乗り、いつまでもくるくると車を走らせていたのを思い出した。

助手席でターさんは本当に楽しそうに、少女のように手をたたきながら笑顔で、髪をなびかせていた。

男は運転は上手ではないのか、真剣な面持ちで、体をこわばらせながら、びくびくとギアチェンジをくり返していた。

その光景をハシダさんと並んで見つめながら、

「ターさん車買ったんだって……」

ハシダさんのその言葉に、そう言えば僕も、

「フーン」

と返した記憶ももどって来た。

よくよく考えれば師匠も師匠だが、弟子も弟子である。

お話にならない。

「話はまだあるんだ。先月あの男が姿を見せなくなるほんの少し前にさ、ターさん今度は新車買ったろ、憶えてるだろ……」

「……ええ、前の中古車下取りに出したって、聞きもしないのに僕に話してくれて……って、ワハハッ、あれもそうなの！　ハシダマネーだったんだ。全くもうあんたって人は」

「いやね、さすがに俺も変だと思ったんだよ、なんでお手伝いさんが新車なんか買えるのかなあって。

その金どこでどうしたのって、ずーっと聞こうと思ってたんだけどさ、あの弟って野郎が姿見せなくなって、駐車してあった新車も見かけなくなったら、途端にターさんすごくふさぎこんじゃってさ、いっつもぼーっとしてるんだ。

気がつくと部屋の窓からじーっと門を見下ろしてるんだよ。なにか田舎の親せきにあずけっぱなしの子供の事でつらい事でもあったのかなあとか考えると、おい新車を買った金、あれはどうしたんだ、なんて言えなくてね」

「まあ、ねえ」

「意を決して、昨晩その話を切り出したんだよ、そしたらターさんものすごい怒っちやってさ、ナイハン！　私が悪い事でもしたって言うんですか、って。髪ふりみだして怒鳴り声上げてさ、今思うとバレたと思って逆上しちゃったんだな。部屋飛び出して行って、それで昨日の今日だよ。

浅はかな知恵しぼったんだろうな。自分の罪をかくそうとして、警察にありもしない事でっち上げて、この俺をつかまえさせて逃げようとしたんだ。ばかだよな。そんな事しなきゃ、俺まだターさんの事、半信半疑だったんだからさ」

「……まだ、完全に疑っていたわけではない、と」

「う、うん」

ターさんは今頃、どこを彷徨《さまよ》っているのだろうか。田舎の一人息子に会いにでも行こうと、長距離バスの車上の人であろうか。

熱血アジアパー伝

1

「ナカタです。いやね、ひどい渋滞につかまっちゃって、二時間くらい遅れるから、行って代打ちしといて」

返事をする前にもう電話は切れていた。

いつもながら勝手な人だな、と思いつつも、「もしかしたら」と勘違いをおこし、いそいそと服を着替え、和食レストランへと向かった。

日本企業がどんどんとバンコクにやって来た七〇年代から、少しずつその通りは華やいで行った。

長期出張組のおとうさん達のための歓楽街はバンコクのほぼ中心部を走るシーロムとスリウォン通りの間にあった。

日本人のためだけにあるといってよい〝タニヤ〟は、日が暮れる時刻ともなると、

最近ねむれない。ねむってもすぐ目がさめる。
ので鴨はハルシオンを飲んで
戦う
これはオレと薬との男同士の一対一の
ねむってたまるかー
マブのタイマンだぜ
ひゃほう

バイクタクシーに横座りしたタイの女性が、大挙してその日のおつとめにやって来る。

色とりどりの日本語の看板に明かりが灯り始めると、女性達は体にぴったりとはりついた、なまめかしい制服に身をつつみ、店の前に立ち、通り過ぎるおとうさん達に向かって、

「いらっちゃいませー、どうじょー」

可愛いく舌たらずな日本語で呼びこみを開始する。

一日の激務から解放され、一杯やりに来たおとうさんは、女性達の前を通るたびに、決まってちらりと視線をおくり、何ともいえぬにやけた、のびきった顔つきになる。

「今日はどの店にしようかな」

思案顔で、いくつかある居酒屋にすいこまれて行く。

このタニヤ通りには、思いつくかぎりの、ありとあらゆる日本人向けのサービス産業があふれかえっていた。

日本語の出版物ばかり揃えた書店からゴルフショップ。

健全なサウナからそうではないお風呂屋さん。ショート千円ほどの安ラブホテル。

ボールに
ザク切りの
じゃがいも
にんじん
たくさんの玉ネギ
ハルシオンのんで
カレー
作ろうと
したり
ぐぐー
チャツネ
ジンギスカン
食おうとしたり
今回は
おしかったね
あともう
ちょい
だったのに

待ち合わせのための喫茶店や女性をはべらせながら酒を飲み、カラオケを楽しむ店から、女性達をお持ち帰りするそれ専門のバー。

日本食だって何でもそろっていた。

ないものといえば、博打が御法度のお国がら、雀荘だ。

それがいつの頃からか、管轄の警察署にいくばくかの金を払い、ライセンスを取得さえすれば雀卓を店に置いてもよいという事になった。

麻雀好きのおとうさんを当てこんだいくつかの店は、わざわざ日本から全自動卓を輸入して個室を作り、商売を始め出した。

和食屋の奥で雀荘を開くというのがつねで、おとうさん達は丼片手に「チーだポンだ」と楽しみ出した。

2

仕事もロクになく、ただだらだらとなるべく金を使わないようにして暮らしていたある日、ひょんな事で知り合いになった日本企業に働く方から電話が突然かかって来た。

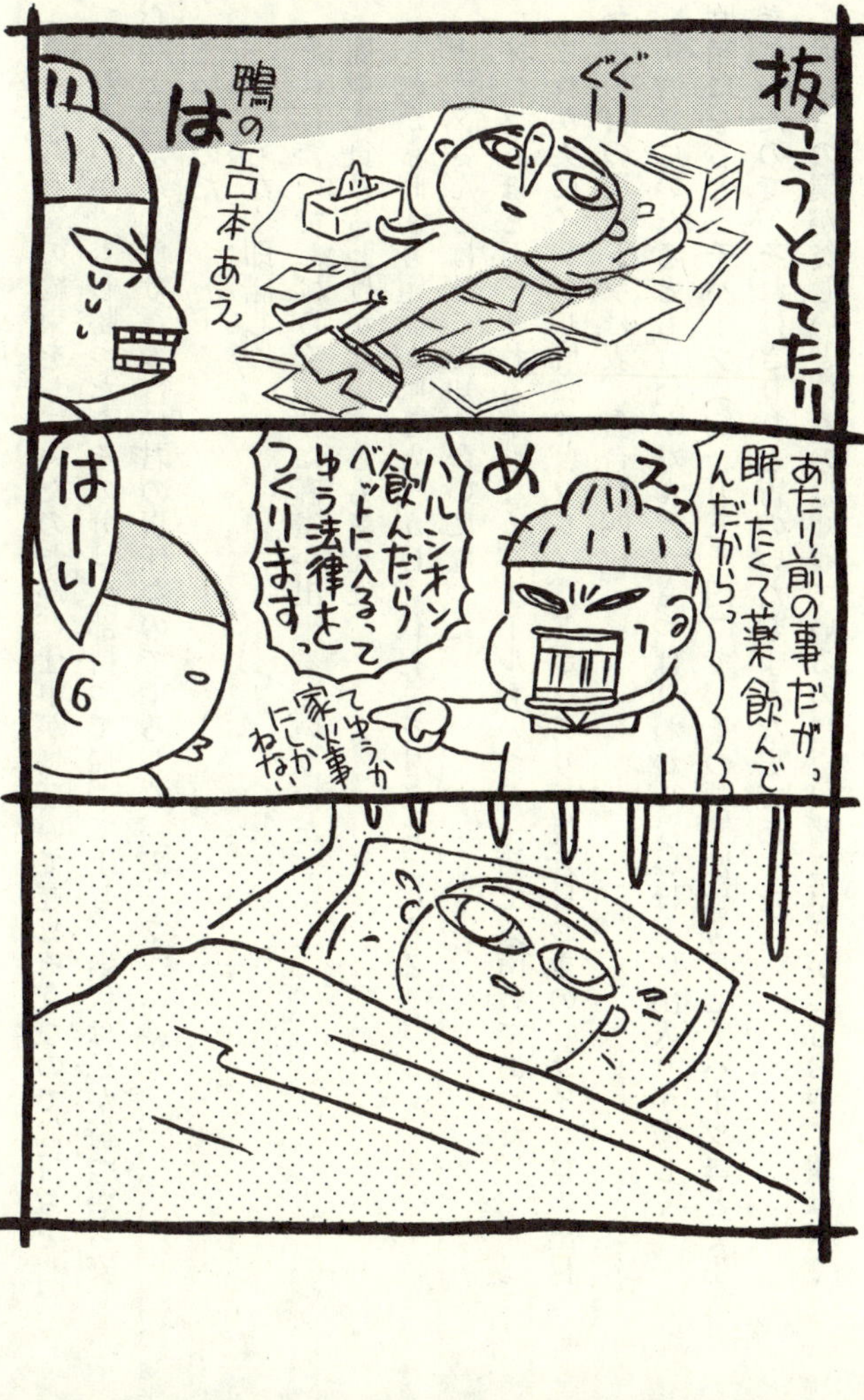
抜こうとしてたり
ぐぐー
鴨のエロ本あえ
はー
あたり前の事だがっ 眠りたくて薬飲んでんだからっ
えっ
め
ハルシオン飲んだらベットに入るってゆう法律をつくりますっ
はーい
てゆうか家事にしかねない

「これから麻雀の約束をしていたのだが、仕事が長びいて遅れそうなので代打ちをしてくれないか。もし勝ったらその分は全部持って帰ってよし、場代は私が持つから安心せよ。ただし負けた場合は君の責任なのでよろしく、ムフフ」

というのだ。

一も二もなく即諾した。

場代はただでしばらくぶりに麻雀が出来るというのだ。

簡単に負けるわけがない、とも考えた。

それから時おり電話が鳴ると出かけ、代打ちをするようになる。

ナカタさんとはそこで知り合いになった。

メンツもほとんど変わる事もなく、ルールもいつも一緒で東南戦であった。

これが実にインフレ麻雀で、ワレメ、ドボンあり、焼き鳥つきの、サイコロの出目がぞろ目の場合ドラは表、裏合計四枚。

チップにいたるともう何がなんだかさっぱりわからないほどに出入りが激しく、一回箱になると三千バーツ（約一万三千円）で、その頃僕は一ヵ月七千バーツほどで生きていたので、それはきりりと胃のいたむような場であった。

代打ちの僕が貧しいというのは知っているのに、一緒に卓をかこむおやじ達は全く

絵本よんでー
へいへい
どこの三歳児だか
スーホの白い馬
モンゴル大草原の絵本をよんであげたら
たー うー
鴨の目がカエルみたくなって
どこか遠くへ行ってしまいました。
モンゴルだったらいいね
パタン
てゆうか薬は正しく飲みましょう。
あのバカはじめて正しく使ったよな。

無遠慮で、きたならしい雀風におじけづき僕は負け続ける。

それなのに「きっと今日こそ」と思ってしまうのだから博打というのはおもしろい。

ナカタさんの代打ちをしたその日も、序盤から負けがこみ、頭は熱くなり、何をやっているのかさっぱりわからなくなりかけた頃、ナカタさんがふらりと部屋に現れた。

「どう？」

「いえ、やっぱり負けてます」

「いくら」

「四千バーツです。痛いですよ」

どれどれと言いながら椅子を持ってくると、五十をこえるかどうかという白髪まじりの巨体をどっかりと落とし、後ろから僕の捨て牌を眺め始めた。

「そげん切り方したらいかんばい」

博多弁丸出しでナカタさんはつぶやいた。

「そうですか」

「なにしとっとう、勝てんばい、それじゃあ」

結局ナカタさんの言う通り、その場も僕の一人負けであった。

がっくり肩を落とし、ふり向くと目が合った。

「カモちゃん、麻雀向いとらんのう」

そうつぶやくと歴戦の勇士は〝にたり〟と笑った。

「よーく見て勉強しなさい」

僕のその日の代打ちは終わった。

このメンツは夜十一時までと制限時間を持っていた。

翌日の仕事が早いというのと、女性のいる店でひっかけて帰りたい、その二つの理由でもし誰か一人負けしていたとしても、毎回きれいに時間が来ればそこそこで止めていた。

ナカタさんの手を後ろから見学する。

決して他人にふるなどしない。手がよくならない時にはさっさとおりている。

熱くなりっぱなしの僕には決して出来ない技である。

さあそろそろ時間だという最後の半荘が始まる際、小さな声で、

「カモちゃん、これで勝つから、飲みに行こうと」

タバコに火をつけ、つぶやいた。

他のメンツの耳にナカタさんの声が届いたのか、「聞きずてならねーな」とか「よっしゃ負けねーぞ」など口々にさわぐおやじ達。

ナカタさんの罠であった。

皆少しずつ熱くなり、視野がいつの間にか狭くなってしまった。

またたく間である。親であったナカタさんは東一局が始まるとすぐに三人全員を一気に飛ばしてしまったのだ。

バーへ行き、ニューボトルを入れ、女の子を呼べる、ちょうどぴったりの金額を手に入れていた。

酒を飲みながら、

「最後は見事でしたね」

と話しかけると、

「あんまり大勝ちすると、ほら、次にさそってくれなくなるとよ。丁度よく勝つとよ、恨まれないほどに」

「そこまで考えて遊んでたんですか」

「あの人達はわしより金持っとうと。博打も酒飲むのも融通がきくから、上手に取らないと、わし会社から金もらってないけんよお、負けられんばい」

「えっ会社つぶれたんですか」

「いやバンコクから撤収よ、商売にならないからそろそろ残務整理しないとならん。女抱くのも博打で勝った金よ、なっ」

横に座ったタイ娘は「よかと」と言った。「ムフフ」とナカタさんは娘の腰を強く抱いた。

3

ナカタさんは九州にある水産加工会社から派遣されて来た人だ。

会社は冷凍食品を作っていると聞いた事がある。

「明日も卓かこむけど、少しやってみる?」

そう言われると今さっき大負けしたばかりだというのに、どうもおしりがむずむずしてきてしかたない。

仕事の話は全くない。

金も残りわずかになってしまった。

「よし明日こそ！　取り返してやりますよ」

「そう。男は酒と博打が好きじゃないと、強くないといかんとよ」

ムフフと低く笑うとウイスキーをストレートで喉に流しこんだ。

翌日、同じメンツと半荘一回だけナカタさんにかわってもらう。

たて続けに親満二回ふりこみ、その次にテンパイ出来ずに、ものの十分できれいに飛んだ。

海外で一人暮らしをしているというのに、手持ちの金は全財産で二千円ほどになってしまった。

打ちひしがれているとナカタさんはポンと肩をたたき、

「よし、後ろで見てなさい」

とやさしく引導を渡した。

昨晩と同じように最後の一局まで手を回し続け、一発大逆転で同じようにナカタさんは勝利をおさめ、僕をつれてタニヤのバーへと向かった。

「また負けたか……」

ウイスキーをぐびりとあおりナカタさんはぽつりとつぶやいた。

「ええ、やばいです。金がほとんど無くなりました」

「仕事はどげんと、カメラの仕事は」

「ここ数ヵ月全くありません」

「あれほどまでに麻雀がへただとは思わなかった、悪い事した」

「いいえ、ナカタさんのせいではありません。しばらく博打はしたくないです。僕には向いていないのがよーくわかりました」

「男は博打と酒は強くないといかんばい……。うーん、どげんしようかな……。残務整理、手伝ってみるか？」

「事務仕事なんてした事ないので……、無理だと思うんですが」

「事務仕事じゃなかと。冷凍食品売らないか？」

「はっ何ですか、それは」

「アジフライ、残っとるとよ、五トンも……」

ナカタさんの提案はこういうものだった。

タイで作った、ただ揚げるだけの状態になった冷凍アジフライがまるまる五トン残ってしまった。

日本の学校給食用にと思いついたのだが、いざ出来上ってみると厳しい規制基準に合格しなかったのだそうだ。

借りている冷凍倉庫の借代もばかにならない。

そこでだ、こちらとしてはより早く、なるべくさばいてしまいたい。原価を教えるから、その値に少し上のせをして、いくらで売り歩いてもよい、といってくれた。

「デパートや日本食堂はいくらでもある。一軒ずつ御用聞きをしてまわればきっと買ってくれるに違いないんだからやってみたらよかと」

「やります！　早速明日から聞いてまわります」

「よし決まった。ところで全部五キロ詰めの段ボールになってるから合計千個もあるとよ、冷凍ものだから一遍に箱売りしないととけて売り物にならんよ」

「大丈夫でしょう。で、いくらで僕に売ってくれるんですか」

「三百バーツ（約千三百円）でよかと」

「買った！　買い！　それをじゃあ四百とか五百で売ればいいんですよね。五トン売り切れば十万や二十万のもうけか、よしやったるぞー。して倉庫はどこにあるんですか」

「パタヤの手前」

「パタヤの手前だーっ」

くわしく場所を聞くと車で行って帰ってくるだけで二時間以上かかる。もし渋滞にでもまきこまれたらとけてしまう。

「冷凍車ってあるんですか」

「ない。タクシーでよかとよ。カチンコチンに凍ってるんだから」

「タクシーって、それ自腹ですか」

「そう。だいたい往復で二百バーツくらいかな」

「という事は、段ボール一個しか注文がなかった時は、かりに五百で売ったとしてもタダ働きと」

「計算は正しい」

「八百くらいで売れるかなあ」

「売れん。わしもその値で商談してみた。見向きもされんと」

「じゃあだめじゃないですか、商売にならない。やめます」

「金あると？　カメラの仕事あると？　男は博打は強くなかったら。カモちゃん、麻雀へたばってん。アジフライで勝負してもよかとよ」

背に腹はかえられないとはこういう事だ。ポケットに残った全財産をぎゅうっと握りしめた。

なんでもいい。

やるしかないのだ。

バンコクのアジフライ王になってやる。

4

国内でオウムの事件があった。当時東南アジア諸国のニュースは日本で全くといっていいほど注目されておらず、関心は東アジアと東欧のコソボに向いていた。

自分で企画を必死になって考えても、買ってくれるのはまず百回に一回がいい所で、そうそうひんぱんにネタを見つけ出せるものでもない。

各テレビ局の支局から仕事の依頼もぱったりとなくなってしまっていた。

愛しているタイ人女性がいるわけでもない。

特に悪い事をして日本に帰れないわけでもない。

どうしてこの街に居続けようと思っているのか、自分でもさっぱりわからなくなってしまっていた。

まるでそれは麻雀で頭が熱くなりすぎて、場が全く見えなくなっている時によく似た感覚で、深呼吸して気分を変えてみるとか、一度遠い所から自分を見つめ直すという考えすら浮かばず、ただやみくもに前に進むばかり。

自分を見失う。

まさにその言葉通りだった。

まずアジフライを売りこんだのは、いくつかある大手日系デパートで、そこではことごとく断られ続け、たった一つのデパートだけ、以前取材でお世話になった方が、可哀相に思ってくれたのか、

「カメラの仕事ないんですか、それでアジフライと……。わかりました二箱、十キロですね。買いましょう。千バーツ、これ私のポケットマネーという事で、社員と試食してみて売れそうであれば正式に買います」

と、うれしいばかりの言葉をかけてくれた。

勇気が湧いてきて、その足で日本人が多く住むマンションへと向かい、そこで暮らす知人の家族に話をするとあわれに思ってくれたのか、奥さんが、

「子供が通う日本人学校は毎日おべんとうを作らなくてはならないの。毎日大変だったのよ、今おかあさん方に聞いてあげるから」

やさしくしてくれて、各家庭に電話を入れてくれた。

ふり返り、

「よかったわね、毎月五キロ買ってくれるって。早速持って来てよ」

とりあえずこれで千五百バーツ、他にも二軒の居酒屋が毎月五キロずつ購入してくれると申し出てくれた。

二千五百。

ここからナカタさんに千五百返すと、月千バーツ入る。

そこから二百バーツのタクシー代を引くと……やっぱり八百にしかならない。

もしかしたら評判となって、口コミで注文が増えるかもしれない。

「八百から勝負だ」

一人雄叫びを上げた。

5

真夏の照り返しでひどい熱をおびたバンナーハイウエイをタクシーに乗り倉庫へと向かった。

「あそこじゃないか」

タイ人運転手に告げられた場所には、どこまでも広がる湿地帯に思いもよらぬほどの大倉庫がぽつりと建っていた。

ナカタさんを通じて電話を入れておいたので、倉庫の関係者は書類まで用意して待っていた。

五キロの段ボールというのもこれまた思いのほか大きく、座席に入りきらず、熱がこもってとても心配であったがしかたなくトランクに入れてバンコクへともどる。なるべく渋滞にまきこまれない時間をと真昼間に行動を起こしたのが大失敗であった。頭がくらくらする暑さの中、途中の信号待ちで気になりトランクを開くと、磯釣り用の撒《ま》き餌に似た、おかかの腐ったような匂いがした。

「うん、アジフライのニオイだ」と勝手に決める。

日本人の待つデパート、居酒屋、最後にマンションへ届けに行った時には段ボールはとけ出した水分で黒ずみ、底は穴があく手前であった。

門を入ったすぐの広間に奥さん達は集まりその横に遊ぶ子供達も口々に、

「ワーッ、アジフライだー」

手を叩いて喜んでいた。

手に取ったアジフライはなんだかやわらかくびちゃびちゃしていたが、気にもとめず、注文していた全員に渡し、金をうけ取り、その金でひさしぶりのよく冷えたビールを飲みに行った。

翌日、注文を取ってくれたマンションの住人から電話がかかってきて、声が少しばかり怒っている。

「あのう、なにか。次の注文ですかあ」

とのん気な声を出すと、

「アジフライ、今回かぎりにします。学校から帰って来た子供のうち五人にひどいじんましんが出たのよ。その子達全員おべんとうにアジフライ持たされてたから。確証がないからお金はけっこうです。でもこれかぎりですので」

ガチャリと電話は切れた。

アジフライはどうやら古く、何度もとけては、凍らせてを繰り返していたようだった。

口コミで全く売れなくなったのはいうまでもない。

博打もへた。

商売も全くだめ。

カメラは……。未来が全く見えてこない。

ひざをかかえておしだまるばかりであった。

思いあまってナカタさんの住むマンションに電話してみた。タイ人の管理人が一言、

「昨日、日本に帰った」

といった。

熱血アジアパー伝
あか
しょーびん
今
奄美にいます

1

山肌の石灰が流れこんだからなのか、くすんだエメラルド色の、湖のように静かなさざ波を立てるアドリア海に面した都市、スプリットにやって来た。一九九三年のことだった。

その三年前までは〝ユーゴスラビア〟と呼ばれていた国が、五つにわかれ、何故そんな事になってしまったのか、市民は頭をひねっている内に、民族や、宗教の違いを言い訳に各国のリーダーどもが戦争をひきおこしてしまった。

ハシダ、タカハシ、そして僕で内戦取材にこの地にやって来たのはいいが、いくつものニュースを見て、かたっぱしからこの戦争について書かれてある資料を読み返してみても、さっぱり理解できずに苦しんだ。

多民族、多宗教。それにいくつもの言語と人々の流れが生んだ長い歴史。

先日 小さな子供が線路の
中に入って遊んでいて
うわっあぶなっと思っ
たシュンカンうしろから
母親のさけび声。
ぎゃあああああ
何やってんのあんたはぁ
踏切りをとびこえ線路の中に入った母親は
とにかく子供を外に、と、しからなきゃが
同時に出たようで、
パ
全速力で走りより子供の横っつらを
はりたおしつきとばし。

からまって、ほどけなくなった糸のような内戦の真相を見出すヒントはどこにころがっているのだろうか、それすらわからない。

「ニュース撮りにサラエボ行かない」

戦争大好きのハシダさんが、まるで喫茶店にコーヒーを飲みに行くような口調で切り出したのは、バンコクの雨期もそろそろ終ろうかという十月の事だった。

カンボジアのひどく血なまぐさい状態も一段落し、各テレビ局、新聞社も少しずつプノンペンから撤退し始め、それにしたがって仕事もなくなり、バンコクでしばらくのんびりと暮らしていた時だった。

バンコク在住のフリージャーナリストが、サラエボに取材に行って来たというので話を聞く事にした。

彼は四ヵ国の言葉を話せるという特技を持ち、武道もたしなみなかなかに勇敢な男で、いつどんな時にどこにでもカメラを持って取材にいけるようにと、毎日体力トレーニングをしているという、酒びたりのこちらとは大違いの真面目な人物である。

東京の出版社と話をつけ、出来高払いの約束で自費で行って来たという。

「で、どうだった。うまくいった？　いい取材出来た？」

ハシダさんが聞くと、気まずそうに、はき捨てるように、

子供コマのように回転しながら宙を飛び、
線路外に無事着地。
この光景をみて思った事。

「大失敗だった、あそこは本物の修羅場ですよ」

いまいましげに一言。うつむいてしまった。

「なに、そんなにやばいの。サラエボは」

「やばいなんてもんじゃないですよ。サラエボ近郊で三つの軍がにらみ合っているんです。セルビア軍、クロアチア軍、そしてイスラム勢力です。

街の中心にサッカー場があるんですけれど、グラウンドは巨大な墓地になってしまっているのです。地理的にどう考えても前線から弾が飛んで来るわけないと思い、墓地に入って行って撮影していたんですけれど……」

「で、どうしたの」

「僕のすぐ横の墓石が〝バシン〟て被弾したんです。ものの五十センチとはなれていない場所にですよ。どこから狙われているのか見回してもわからない。とにかく墓石のかげに身をかくしましたよ。恐しかったな。ひっきりなしに銃声は街中のあちこちで響いていましたけど、前線でやり合っているとばかり思ってましたからね。

僕を狙った奴は街の中心地にいるイスラム側のスナイパーです。それもすごく腕の立つ奴ですよ、サッカー場の僕のいた場所から一番近い建物ですら二、三百メーターは離れていたんですからね」

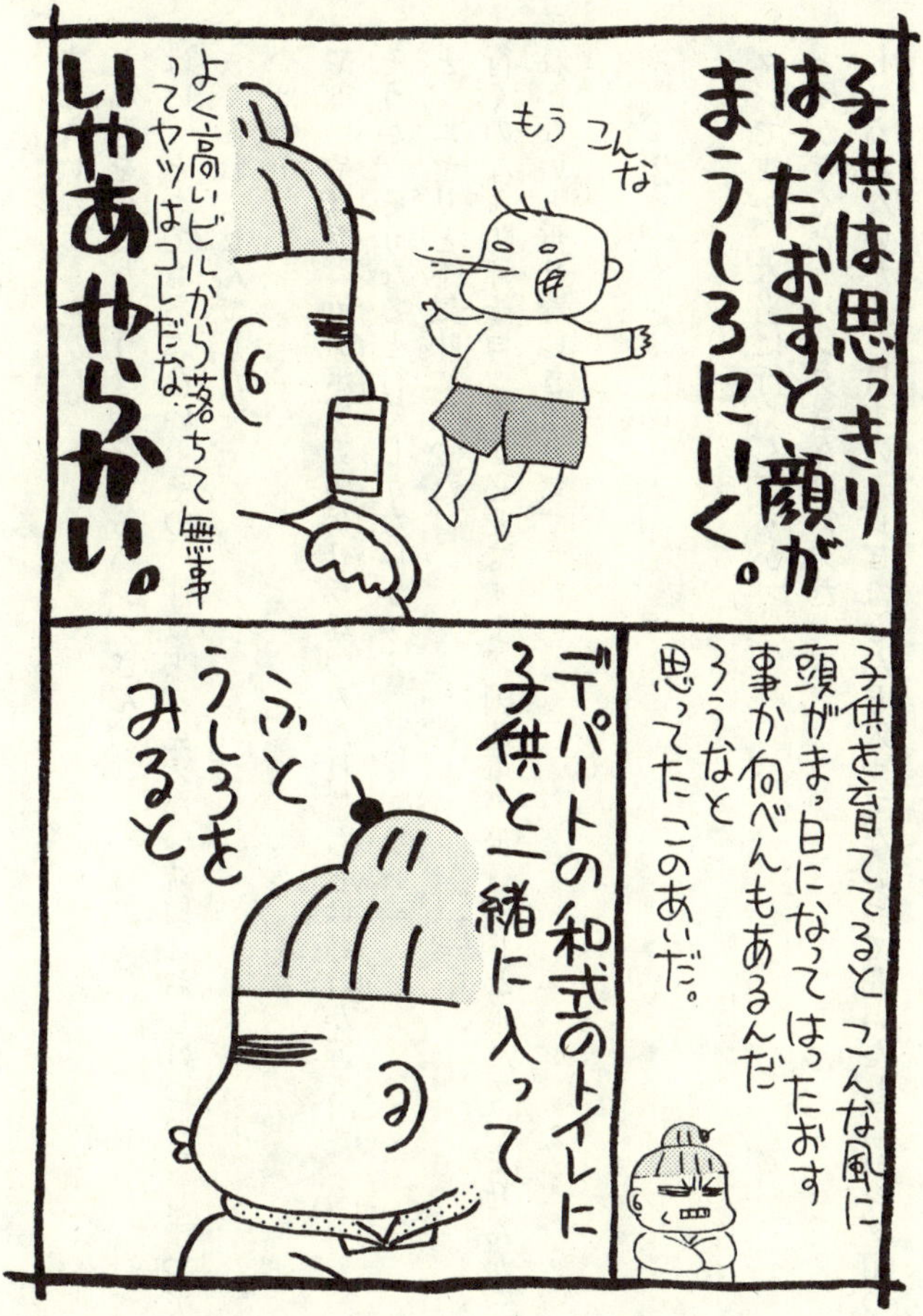
子供は思っきりはったおすと顔がまうしろにいく。
もうこんな
よく高いビルから落ちて無事ってヤツはコレだな。
いやあやらかい。
子供を育ててると こんな風に頭がま、白になってはったおす事か何べんもあるんだろうなと思ってたこのあいだ。
デパートの和式のトイレに子供と一緒に入って
ふとうしろをみると

「あぶないか」

万馬券を当てたような顔をするハシダさん。

「はい、とってもあぶない。その一件以来、見えない銃口におじけづいてしまって、うまく撮れませんでした」

「やばいか」

「やばいやばい。カンボジアのゲリラ兵のみだれ撃ちとはわけが違う」

「そうか、そうなると行くしかないか……」

と、ニヤリと不気味に笑った。

「行くのなら防弾チョッキが必要ですよ。国連軍の飛行機しか飛んでいませんから、それがないと乗せないきまりです」

2

「マジですか、本当に行くんですか」

と僕がきくと、ハシダさんは答えた。

「しょうがないだろ、日本のテレビほとんど入ってないって聞いたし、ハシダ組の存

子供がドアをあけて
順番待ちのおばちゃんと目があう。
子供の頭のてんっこすの一番やわくて弱いとこをなんにも考えずカまかせになぐる。
せまい便所の中でとなりには頭をかかえてうーうー泣く子。
今日、はじめて子供を本気でしかもグーでなぐりました。
あの線路の光景が汚い便所の中で
セピア色でよみがえり。
こうゆうのさノスタルジックってゆうのかしら
ひーんっ
ひーんっ

在理由をしめさなければならんだろ。戦場取材はオレのライフ・ワークなんだし、いいよ、いやなら来なくて、タカハシと二人で行くから」

「そんな言い方しないで下さいよ、行きますよ。でも、この内戦の理由は調べておかないといけないんじゃあないですか」

「それはしかり、まあでもオレは長州の出だからね、わかるんだ。薩長土肥と江戸の戦いだろ」

「明治維新にたとえてどうするんですか」

「バカもの、オレはね、長州の男はだな、未だに東京に足を向けて寝るんだよ。要するにこのユーゴ内戦、これからも形を変えて、隣国に飛び火して、憎しみを増幅し続ける長い戦いの始まりだと見ているんだ。ニュースを撮る男として……見ておかなければならんだろ……」

最後の言葉は自問自答しているように聞えた。

ハシダさんはそれから何度も東京とバンコクを往復し、いくつものテレビ局に出向き、やっと夜一時間のニュースを放送している局が企画を買ってくれる事になった。

資料を集めるのはタカハシの役目となり、ありとあらゆる文献をよせ集めては、わかりやすく、使えそうなものをよりわけていた。

気がつくと季節は変わり、十二月になっていた。

クロアチアの首都ザグレブまでのチケットを買い、出発の前日、バンコク市内にあるミリタリーショップへ防弾チョッキを買いに三人で向かった。

タイ陸軍のすぐ横にあるというだけでハシダさんは、

「横流しされたもの売りやがって、だめだなあ」

勝手に決めつけている。

一言で防弾チョッキといってもさまざまで、服の中に着られる警察官のものや、男の大事な部分までカバーするような、大きく重い、軍隊用のものまである。

値段も高いものは十万円近くするものまである。

値札を一瞥《いちべつ》すると、ハシダさんは、

「一番安いの三つくれ」

と店員に告げる。

わかった、と言って倉庫からかかえて持って来たものは緑色の迷彩色の、カビだらけの古ぼけたやつであった。

「これ、いくらだ」

しばらく店員は考えこみ、

「一着五千バーツ(約一万三千円)」

と自信なげにつぶやく。

「おまえ、これ、いやに古いじゃないか。中古だろ、三着で一万バーツでいいだろ」

「オーケー」

とたんに、にこにこ顔になる店員。

「これベトナム戦争の時、アメリカ軍が着てたもの。五キロもあるけれどいい品だよ」

「M16の弾は大丈夫か」

「オーッ、ノー。撃たれたら背中まで貫通します」

「AK47はどうかな」

「オーッ、ノー。カラシニコフ、もっと強いです。絶対死にます。オッケーなのはナイフだけです」

三人とも、宙を見つめるしかなかった。鉛の弾が体を通りぬけてゆくのを想像していたのだった。

「まっいいやな、二人とも。国連機のエアチケットみたいなもんだからさ」

最後にタカハシが、

「全部で八千だ、ぼるなよ」

そう言いながら紙幣を店員に投げつけた。

準備はととのった。

3

旧ユーゴへ出発したのは十二月も半ばを過ぎた頃であった。

エメラルド色の海を渡ればそこはイタリアであるという、クロアチアのスプリットという街は、内戦が起こる前は、近隣の国々からもたくさん観光客が訪れたであろう、美しい古都の風情ものこったリゾート地であった。

クロアチア政府情報省が部屋を間借りし、外国人記者もたくさん宿泊している海辺の〝元〟リゾートホテルに泊まる事にした。

敵の姿が見える訳でもなく、ましてや最前線など程遠いというのに、近くからはたえ間なく銃声が響き、一体、どこの何に向かって発砲しているのか、不思議でならなかった。

すぐ近くで殺し合いがあるというのに、ホテルも街も、もっといえば、ぎくしゃくしてはいるが、国までも機能していて、テレビを点ければヨーロッパ中の番組が映し出され、冷蔵庫には冷えた、出来のよい〝ピーボ〟ビールが何本も並んでいる。ためしにホテル内のシーフードレストランに入ればキャンドルの明かりの下、安価な、それでいてすばらしく飲み口のよいワインを出してくれて、生きたままの手長エビを、コックがテーブルのすぐ横まで小さな調理台を押してやって来てグリルしてくれる。

窓の外ではひっきりなしの銃声が鳴りやまず、数十キロ先の前線では殺し合いがある。その中で食べる新鮮なアドリア海の幸には違和感をおぼえずにはいられなかった。

宿泊している大きなリゾートホテルには、数多くの難民も収容されていて、学校へ行く事の出来なくなった子供達が、いつまでも所在なげに、ホテルの中庭で石を投げて遊んでいる。

彼らは毎日三度、決まった時間になると、力なくぞろぞろと大ホールに集まり、配給の食事をもらっていた。

皆一様におしだまり、一列に並び、配膳係から大きな一本のバゲットと、牛肉か何かを煮こんだ物をどっさりと皿にもられていた。

毎日、朝、昼、晩と同じメニューのようだ。

ある日、食事をしようと三人してホールに向かうと難民の一団が丁度食事を受け取っている最中であった。

「どんな配給なのかなあ。おい、食ってみようぜ」

とハシダさんが言い出し、僕達はその列に入り、順番を待った。

列に並ぶ人々は一度だけちらりと僕達三人を見つめると皆一様にぶつぶつと一人言をつぶやき、寂しそうに冷笑しながら、うつむいた。

食事は、フランスのそれよりはふかふか、もっちりとした田舎パンが一本、根菜類と牛肉の煮込み大もりがついた。

煮込みをする。

色々な香辛料の香りがふっと鼻をくすぐり、すね肉はフォークをさすととろりととけた。

「う、うめえよ、これ」

タカハシがうなった。

確かに考えていた難民食とはほど遠く、日本の定食屋で注文すれば五百円はする味だった。

「たしかに立派な味だ」

「クロアチアのボルシチ、かな」

「肉のかたまりって、ありがたいよな」

そんな事を話し合いながら、ハシダさんがふいに横にいる難民の老人にぐいっと親指を立て、

「デリシャス」

と話すと、どう答えようかと一瞬おしだまった彼は、ゆっくりと静かに、重く、低い声で、

「エブリデイ、エブリタイム。ワンイヤー……」

とつぶやき、ふっと誰に見せるでもなく、おだやかに微笑んだ。

瞳だけは笑わずに、ハシダさんを見つめている。

「いやみで言った訳じゃなかったのに、でも本当にうまいよな、これ」

タカハシは、もうパンの最後の一切れで、シチュー皿をぬぐっている。

きれいに食べつくしてしまった。

「毎日同じといったって、アフリカやアジアで見て来た難民食とはえらい違いですよ、これ」

「ほんとうだ、オレが今まで見て来たなかで最悪だったのは、七九年のカンボジア難

民がタイに流出した時だな。食えるものなんて全くなかったんだ。飲み水すらないからきたない水飲んで体壊して、マラリヤにかかってさ、やっぱり守られているよ、この難民は」

横の老人に声をかけた。

「クロアチア人ですね」

「そうだ。セルビア人に土地をおわれたんだ。同じクロアチア人にたすけられっぱなしではずかしいよ」

「国力かあ……。民族性の差なのか……」

「ですね、同じ国民だったというより、今となっては同じ民族の方が優先されるのですよ」

相槌をうちながらタカハシはテーブルの上にあった大皿にもられたオリーブの漬物をガリガリとかじった。

クロアチア政府情報省に向かうと申請していた記者証が出来上っており、何げなくこの街にいる難民の情報を聞いていると、トレーラーハウスで寝起きしている人々が海ぞいに千人ほど暮らしていると教えてくれた。

くわしい場所を教えてもらい、タクシーをつかまえ取材に出かけた。

4

黒松がうっそうとしげる海岸線に向かうと、美しいリゾート地のキャンプ場であった名残りを感じさせる、一面に緑の芝がしきつめられた広場に、トレーラーのまわりに洗濯物や、生ゴミなどを積み上げて難民達はいた。

ホテルにいた人々とは違い、疲れ切り、顔は垢《あか》にまみれ、着ている服は、穴のあいていない、まともなものなど誰一人として着ておらず、もう何ヵ月風呂に入っていないのか、気の毒なほど臭った。

記者がやって来たのが耳に入ったのか、一人の若者がニコニコと近づいて来るのが見えた。

七三にわけたブロンドの髪や、まだ女も知らないのでは、と思わせるあどけない瞳を持った青年は、胸から大きなロザリオを下げ、

「よくいらっしゃいました」

とていねいに握手をもとめ、手をさし出した。

「日本から取材に来ました。君はここで何をしているの」

「キリスト教団体のボランティアとしてこの難民キャンプの人々の生活の手伝いをしているんです。半年になります」

「やっぱりカトリックか、だから助けるんだよ、けっ」

タカハシの日本語が言葉の口調からわかったのか、すかさず青年は言葉をつけたした。

「ここのキャンプにいるのは、ほとんどクロアチアに住んでいたイスラム系住民なんです」

「へっ、なんでそれを君達が助けようとしているの」

「ええ、確かに宗教戦争の側面はあります。しかしだからこそ宗教を超えて彼らを助けなければ、と思うのです」

「何だかわかるようなわからないような……。まあよい考えを持つ団体だという表現をしたいということだ。ところで先程、ほとんどイスラム系と言ったけれど、他の人々というのは」

「ロマニーです」

「ロマニー、ああ、ジプシーか、すごい奴らだなあ、どこでも生きぬいているよ」

「ほら、彼がロマニーのリーダーです」

青年が海辺を指さすと、でっぷりとしたたいこ腹の男がよれよれのランニングと短パン姿でひざまで海につかり、投網を投げている最中であった。投網が水面に広がり落ちる間際、水面は〝うわ〟と小さな波を立て、無数のイワシが網にかかっていた。

「えらいなあ、オレもああいう生き方したいなあ。各国を渡り歩いて、ついでに時々援助物資のおすそわけにあずかって自活しているなんて、ふてぶてしい生き方だよ、全く」

ハシダさんは目を細めて漁をするおじさんの姿を見つめている。

「ついさっき、難民の配給わけてもらったじゃあないですか」

「アハハ、そうだったっけ。オレ、ついでにあれもやらせてもらおうっと」

ハシダさんはおじさんに近付いて行く。

ところで決して危険な現場とは思えないのにこの街でもずっと五キロの防弾チョッキを身にまとっていた。

「今のうちになれとかないと」

トレーニングのつもりなのだった。

身ぶり手ぶりの日本語で、「オレにも投網やらせて」と話しかけるハシダさん。

ニヤリと笑うとおじさんは網をさし出した。

ズボンをたくし上げバチャバチャと水音を立てながら海に入り、

「イワシとれたら晩ゴハンのおかずにしような」

ふり向きながら僕らに大声で告げる。

「ハシダさーん、チョッキぬいだ方がいいんじゃないんですかあ」

「いいよいいよ、おぼれる深さじゃあないんだから」

おじさんから網を受け取り、第一投。

「よっしゃあ、せーのっとお」

思った通り、網はちっとも広がらず、ハシダさんは見事に足をからませ、海にしずんだ。

五キロの鉛がよほど重かったのか、背中の見える浅瀬で手足をバタつかせおぼれかけている。

おじさんは腹をかかえながら大笑いし、太い腕でハシダさんを引っぱり上げた。

全身ずぶぬれのハシダさんはふやけたスルメのようであった。

タカハシはこらえきれず、「プッ」とふき出す。

「いやあ、まいった、だめだね、なれない事やっちゃあ」

ハシダさんはそう言いつつ、「ウーン」とうなりながら腰をのばす。その時「ボギッ」とフライドチキンの関節がぬけ取れるような音がしたと思うと、

「ハウーッ」

と声にならぬ叫びを上げるハシダさん。

力士の勝利者インタビューの時のようなしぼり出す声で、

「こ、こしが、腰がいっ、痛くて、うっ動かせない」

「大丈夫ですか」

僕がたずねると、

「きゅ、きゅうきゅう車、呼んで」

泣くだけでも、一言口にするだけでも痛みが走る、カチコチに固まった顔で、そこまで話すとやっとの思いで近くの木に手をかけた。

たまらずタカハシは「プッ」とふき出した。

十分後けたたましいサイレンを鳴らしながら救急車がキャンプまで乗り入れて来た。

難民キャンプで、ずぶぬれの東洋人のおっさんが防弾チョッキを着け、松の木にしがみついて泣き声を上げているのである。

救急士達はキョトンとするばかりである。
担架に乗せられ、車に搬入されるハシダさん。
話はキャンプ中に伝わったのか、暗かった人々の顔は皆大笑いしていた。

ねっけつアジアパー伝

1

「フー、痛ってーよ。しかしなんだってこんな大切な時に、ぎっくり腰なんかにならなけりゃなんねーんだよ」

大きくサイレンを鳴らしながら猛スピードで走る救急車の中で、担架にうつぶせになったまま、ハシダさんは力なくつぶやいた。

「しっかし、ハハハッ、ぶざまなかっこだったなあ。思いっ切りわかりやすいオチじゃあないですか、フハハ」

そう話すと、付きそいの白衣を着た救急士二人に事のてんまつを英語で教えるタカハシ。職業柄悪いと思ったのか、それでもこらえ切れず、ふき出していた。

「防弾チョッキなんか、嫌いだ!」

ハシダさんは本音をはいた。

さて私には
約束の大地がある。
土地である。
←レット

「国連機に乗る時のために持って来たんですから、医者に治療してもらったら、治るまでホテルの部屋に放っておきましょうよ」

「ハシダさん、もういい歳なんだから、こんな平和な場所で無理しても意味なんかないよ」

「そうだよなぁ、もうじいさんなんだよ、オレって」

救急車はエメラルド色の美しいアドリア海を望める小高い丘を登ってゆくと、ユーゴスラビアと呼ばれていた時代に建てられたと思われる、いかにも社会主義のにおいのする、無機質で無骨な病院に到着した。

前線ははるか遠くにあるが、やはり戦時下の国なのだ。

足を撃ち抜かれた兵士が、金属の棒とボルトで固められた足を宙づりにされる姿や、手足や顔を包帯でぐるぐる巻きにされた兵士の姿があちらこちらで見受けられる。

その中、小さな車輪の音をカラカラと立てながらストレッチャーで運ばれるハシダさん。

救急士はいつまでもニタニタと笑い、傷ついた兵士の姿を見た僕達は、バツの悪さにうつむいてしまった。

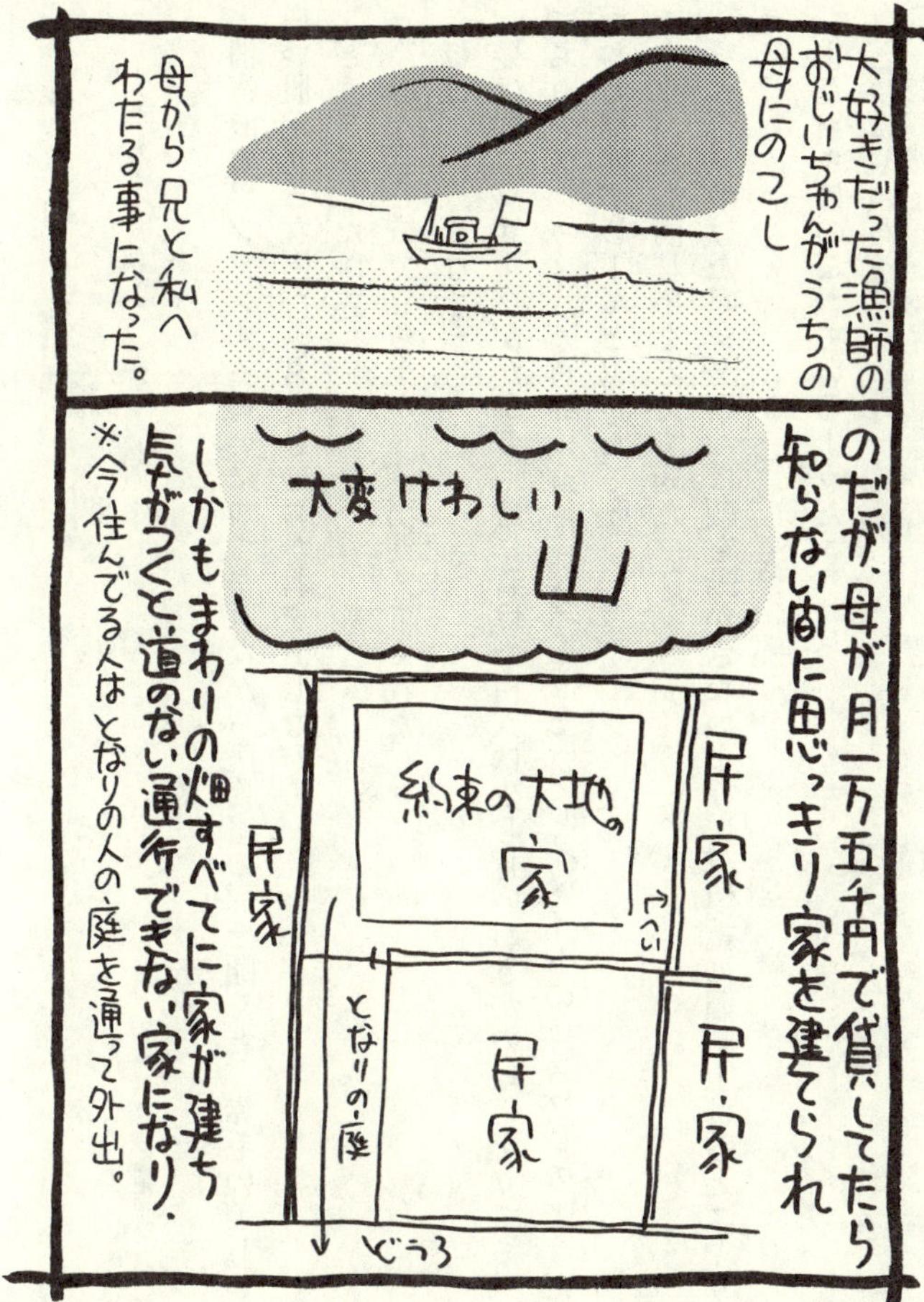
大好きだった漁師の
おじいちゃんがうちの
母にのこし
母から兄と私へ
わたる事になった。
のだが、母が月一万五千円で貸してたら
知らない間に思っきり家を建てられ
大変けわしい山
約束の大地の家
民家
へい
民家
となりの庭
民家
民家
どうろ
しかもまわりの畑すべてに家が建ち
気がつくと道のない通行できない家になり。
※今住んでる人はとなりの人の庭を通って外出。

2

消毒液のツンツンする匂いにつつまれながら医務室の扉を開くと、赤毛の美しい、白い肌が光る女医がふちなしのめがねを直しながら、

「どうしましたか」

冷静な話し方で立ち上がり、出迎えてくれた。

「ほう、美人だな」

髪は軽くウェーブがかかり、身に着けた白衣は少し甘いわきがの匂いを立てて、むっちりと体のラインを見せつけている。まるでプレイメイトのコスプレのようだった。海綿体がじーんと鳴った。

タカハシも同じ事を考えていた。

それを見つけたハシダさんは腰を動かさないように、慎重に頭を上げるとニヤリと笑い、

「まだツキはのこっているようだ」

とつぶやいた。

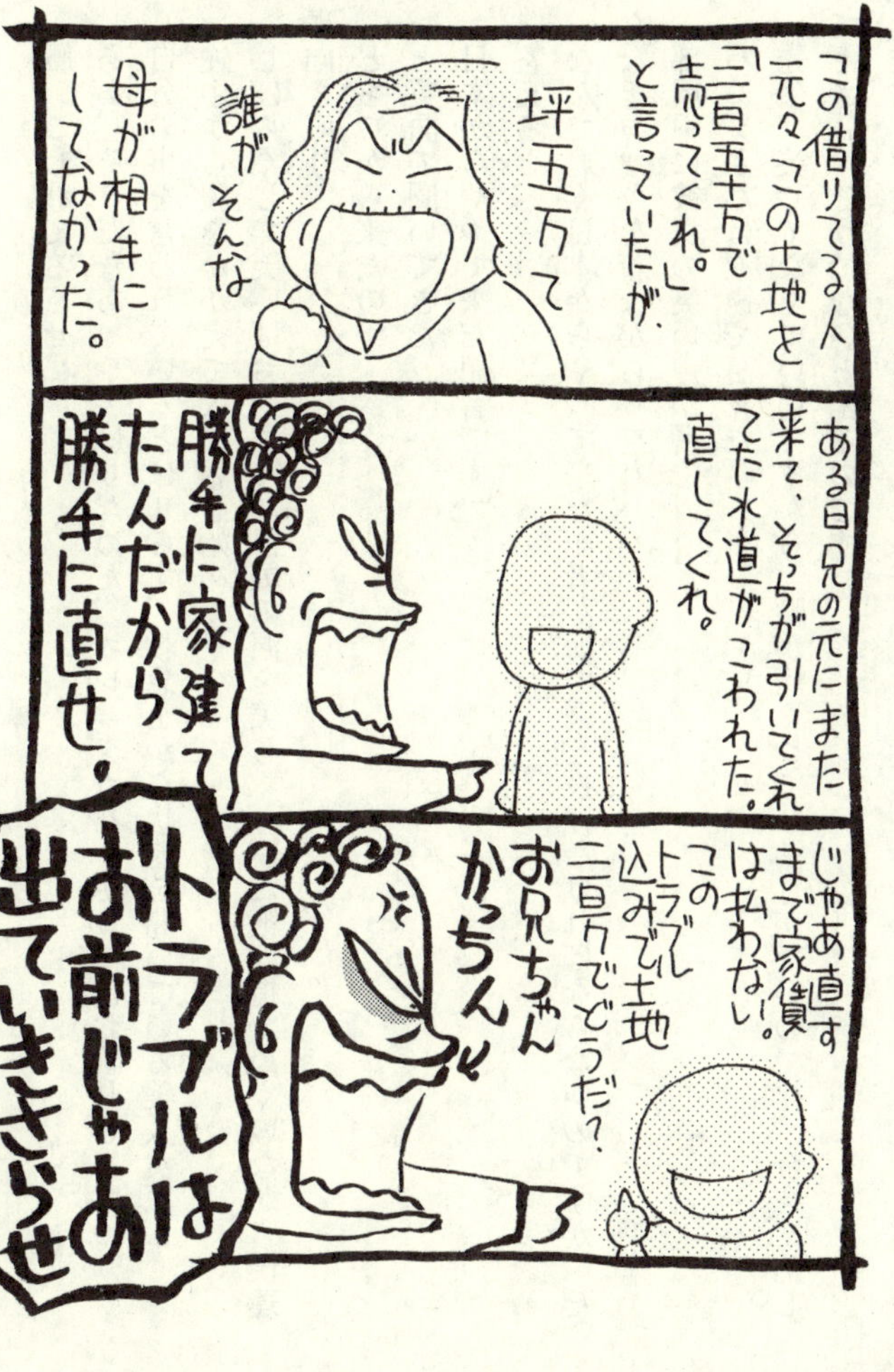
この借りてる人元々この土地を「三百五十万で売ってくれ。」と言っていたが、
坪五万て誰がそんな
母が相手にしてなかった。
ある日兄の元にまた来て、そっちが引いてくれてた水道がこわれた。直してくれ。
勝手に家建てたんだから勝手に直せ。
じゃあ直すまで家賃は払わない。このトラブル込みで土地三百万でどうだ？
お兄ちゃんかっちん
トラブルはお前じゃあ出ていきさらせ

「腰、こわれてるくせに」

「ああ、そうだなあ、やっぱりだめだ、オレ。タカハシかカモにお譲りします」

自分の事を言われているとは知らず、救急士から状態を聞いている美人女医。

途中から腹をかかえて大笑いを始めた。

しばらくして笑いはおさまり、目尻の涙を美しくのびた細い指でぬぐいながら僕達に向き直り、

「どちらから来たの」

と英語で聞いてきた。

「日本からやって来た記者です」

答えると、

「なんで遠く日本からやって来た記者が海で網を投げなければならないのですか。そんなチョッキを着ながら、ワハハハ」

部屋中に彼女の笑い声が響く。

ハシダさんは涙声で訴えた。

「先生、笑ってなくていいですから。腰が痛くってしょうがないのです。今すぐ治して下さい。そうでないと困るのです」

その足で不動産屋に行く
全てむこうさんに分があります
勝ち目はないでしょう
勝手に建ててたってもほっといたでしょ居住権ありますよ
なんとなーくわかってましたー
あとその出入口のない土地、タダでも誰ももらってくれないです。くやーくても売った方がマシです。
兄・むかっ腹たてながら交渉開始。
じゃあ間をとって三百万で半年間払ってなかった家賃をつけろ
水道なおし代50万引いてよ
さて私達兄妹の
まんが売れなくていざとなったらここがあるって
お母さん私に言ってくれた
約束の大地は

「何故ですか」

「私達はサラエボに行かなくてはならないのです。お願いですから治して下さい」

「サラエボへ、ですか。わかりました。やってみましょう」

看護師に手早く指示をあたえると、ハシダさんのズボンを下ろしにかかった。脱がしやすいようにと、腰を少し浮かすだけでも痛むのか、

「ウワッ」

叫び声を上げるハシダさん。

見守る僕達は叫び声と、丸出しになった貧弱なシワの入ったハシダさんの尻を眺め、つい失笑してしまう。

女医はお尻をアルコール消毒し、手にした親指ほどの注射器をぶすりと刺しこんだ。

速効性の痛み止めだったのか、ハシダさんはしばらくすると気をつけながら、ゆっくりとストレッチャーの上に起き上がる事が出来、下半身丸見えのままうっとりと薬に酔った顔で、

「先生、治ったと言って下さい、サラエボへ行けると言って下さい」

その言葉に微笑みながら女医は、

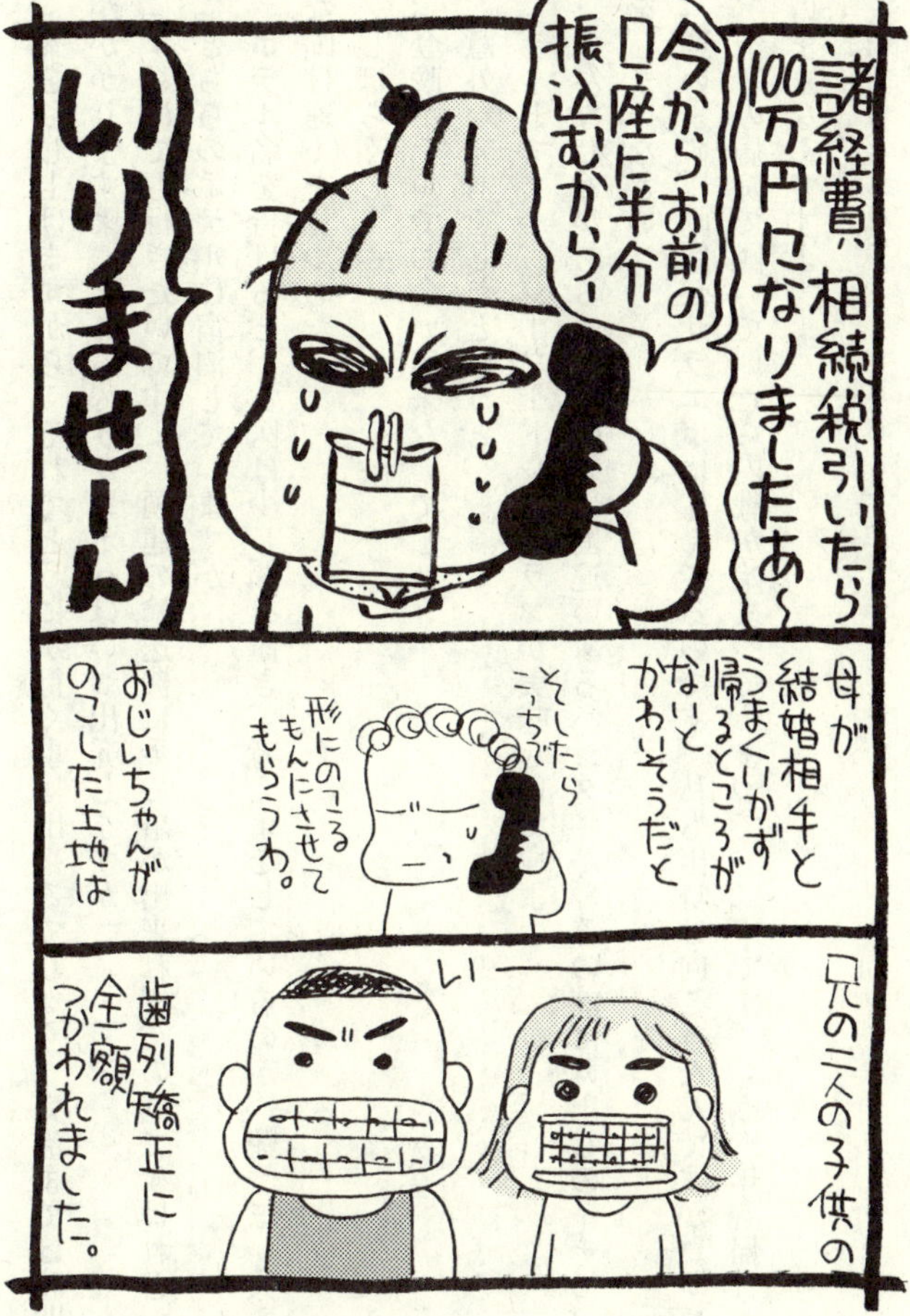
諸経費、相続税引いたら100万円になりましたあ〜
今からお前の口座に半分振込むから！
いりませーん
母が結婚相手とうまくいかず帰るところがないとかわいそうだと
そしたらうちで形にのこるもんにさせてもらうわ。
おじいちゃんがのこした土地は
兄の二人の子供の
いーーー
歯列矯正に全額つかわれました。

「薬をさし上げますから、それでどうにか行く事は出来るでしょう。完治までは時間がかかりますよ。ところでサラエボへはいつ出発しますか」

「すぐにでも行きたいですよ。国連の輸送機に乗る事が出来れば、の話ですけれど」

「どちらのホテルに宿泊していますか」

ホテル名を告げると、女医は少し間を置き、考え事をしているのか、艶っぽい大きな瞳は遠くを見つめた。

しばらくして、

「今晩ホテルでお会い出来ないでしょうか」

意外な発言をしたと思うと、

「デートですか、シーフードレストランが美味しいですよ」

そんなわけがあるはずないのに勘違いするハシダさん。その前に丸出しのイチモツをしまいなさい。

「違います。両親がサラエボに住んでるのです。私も出身は向こうなんですが、クロアチアの病院で働いていたら内戦が始まってしまって。二年です。もう二年も帰れないままなんですよ」

「ほう」

遺産入ったんでしょ
そゆのはなんか形のあるもんにしとかないと、なくなっちゃうよ
パンフ
君ほしがってたじゃん
アストンマーチン買えば
ぱん
ぱん
ちなみに父方の遺産で家賃三万円の2Fアパート。住んでる人の半分が無職で2/3が家賃きちゃんと払えない。
あれお前にやるわー
いらんーー
味わえオレの苦しみき
いーっ
土地は境界線でもめててとなりは製鉄所ってのもアリ

「手紙すら送れないんです。もうすぐクリスマスです。手紙を持って行ってくれませんか」

「そんな事なら簡単ですよ。治療してくれたお礼にお届けしましょう。約束します」

「うれしいわ。手紙は今晩ホテルへ持って行きます。ありがとう」

「どうでもいいけれど、ほらポコチン丸出し。見たくねえよ」

とタカハシが手鼻をかみながら言った。

その言葉で、やっとズボンを脱いだままだった事に気付くと、そそくさとズボンを上げ、すっくと立ち上がる。

「あれ、痛くないや」

とニヤリと笑った。

帰りのタクシーの中でもニヤニヤ笑い続けるハシダさん。

「まだ運に見放されてないな」

タカハシも、

「そう、ですかね」

と返事をする。

「何がですか」

「頭にぶいなカモは。いいネタが出来たじゃないか。内戦で国が五つに分かれ、家族が離ればなれのまま暮らさなくてはならない。手紙さえ送れないんだぞ、これは内戦の構図をわかりやすく表現出来るではないか。タイトルももう決まった。〝戦下のクリスマスカード〟だ。なっ、いいだろ」

「なるほど」

「オレのぎっくり腰のおかげだ。ついてたよまったく、お、あれ」

最後に一言うなると腰をおさえ泣き声を上げ、

「やっ、やっぱりあの注射ただの痛み止めだ。全然治ってなんかないや」

奥歯をギリリとかみしめながら苦しそうに顔をゆがめた。

部屋にハシダさんを寝かしつけ、ロビーで女医を待っていると、大きな段ボール箱を重そうにかかえ、ホホを赤く染めながら、よろよろとやって来た。

ソファーに大切そうにそっと箱を置くと、「フウッ」と一つ息をついて、

「手紙だけじゃなくて、荷物もお願いしたいの。サラエボは食品も電気も何もないの、少し重くなったけれど、これ届けてくれるかしら」

どれどれとタカハシが荷物をかかえ上げると、

「こっこれ重てーぞ、何つめこんで来たんだよ」

「でも今さら断われないだろ、どうするよ」

「そうだよなあ、中身見させてもらうか」

失礼と言い勝手に箱を開くと食料と生活用品の山であった。

「これ、全部必要なの」

「はい、全部です」

「ロウソクも、ソーセージも、歯みがき粉も、何から何までサラエボにはないの」

「はい、ありません」

「俺達機材だけで何キロあったっけ」

「四十キロはあるぞ、それに防弾チョッキ三つ合わせて十五キロ」

「この箱、十キロはあるぞ……」

「しかたないよ、取材ネタだしさ。もって行こうよ」

心配そうに見つめる女医に「届けますよ」と告げると涙を流してよろこんだ。

部屋にもどり、身動き一つせず、ベッドに横たわっていたハシダさんに、

「手紙がこんなのに変わりました」

と段ボールを見せると、顔だけ動かし、しばらく段ボールを見つめていると、

「お前ら、たのんだぞ」

と言ったっきり、目を閉じた。

腹がへっていたので、段ボールに入っていたワインを開け極太のソーセージ一本をタカハシと半分ずつにして食べた。

3

翌朝、ホテル内にある情報省をのぞき、国連輸送機の出発時間を聞こうとすると、黒い髪の利発そうな女性スタッフが、

「スプリットで順番待ちしている記者は七十人はいるわ。それに今日は十二月二十日でしょ、国連軍も明日からクリスマス休暇に入ってしまうから、しばらく飛ばないわよ」

「ありゃあ、まいったぞそれは。陸路って手は？」

「死にたいのならどうぞ。装甲車を借りると保険金とかもろもろ合わせて一週間で百万円近くかかるわよ。それに昨日もイギリスのクルーが車ごとうばわれて全員行方不明。殺されている可能性高いわよ。それでも陸路で行く？　車は手配出来ますけれど、どうします？」

「飛行機は飛ばない、と」

「ここからはね。ちょっと待ってて、調べてみるから」パソコンのキーをたたく女性スタッフ。「えーとそうね、あった。イタリアにアンコーナという街があるの。ここスプリットから毎日フェリーが出てるわよ。そこからは休みなく飛ぶって情報が入っているわ」

どうしてなのか、戦場にいる女というのはフェロモンを匂い立たせていて、むせかえりそうになる。股間をそっとにぎる。

礼を言い部屋で待つハシダさんに報告する。

「やっぱり陸路ですかねえ」

「陸路はだめ」

「危険すぎると」

「いいえ、そんなお金ありませんから。だって国連機ならタダなんだよ、何のためにこんな重いチョッキ買ったんだよ、腰まで痛めてさ。よし、後もどりになるけれど、イタリアだ。けどさ、カモ。どこかで杖買って来てよ、オレまだまともに歩けないからさ」

痛そうに腰に手を当てながら「よーし行ったるぞー」と気合を入れるハシダさん。

イタリアと聞いたからか、段ボールから骨のついた大きなハムを取り出しかじりつくタカハシ。目が合うと、

「食べるこれ、美味しいよ」

女医の涙を忘れたか、と思いつつもアルマニャックをぬき取り、そのまま口をつけ一気飲みした。

荷物は三キロほど軽くなっていた。

アドリア海を夜行フェリーで渡り、早朝港に到着すると、その足で空港までタクシーを飛ばした。

空港の待合い室には一般客の姿はまばらで、ずうずうしい態度で、目付きの悪い各国からやって来た記者達でいっぱいである。

皆一様に待ちくたびれた顔をし、国連軍兵士が受付にやって来るのを心待ちにしていた。

カナダからやって来たと言う記者が話しかけて来た。

今回で三度目のサラエボだと言う。

「もう今日で一週間さ、待ちくたびれたよ。便数が少ないみたいだな。クリスマスなんだよ」

「何人くらい待っているの」

「二十七人と言ってたよ」

彼のすぐ横にはカメラも何も持たず、やけに瞳に険のある、やせ細った、アラブ人と思われる男が三人、ただだまって、静かに椅子に座っていた。

他の記者と同じように国連発行の記者証を首からぶら下げていた。

視線に気付いたのか大男のカナダ人は、

「オレのスタッフだよ。こう見えてもオレもイスラム教信者でね、ボスニア側の取材は他の奴らよりしやすいのさ、同じイスラム教徒としてね」

その時、軍服を着た兵士がすっと現われ、手にした紙を読み上げ始めた。

順番に記者名を呼び出した。

カナダ人は目で合図をし、三人を立たせ、ゲートへと向かって行った。

「やっと順番が来たよ、それじゃ、気をつけて」

ゲートをくぐる記者達をのこされた記者達が写真に撮り、ビデオテープを回している。

カナダ人がふり返り、

「オレが死んだら売れるぜ、ビデオ撮っておけよ」

とニヤリと笑った。

「オレのスタッフ、記者に見えるか」

質問の意味がわからず、ただうなずいていると、顔を耳に近づけささやいた。

「本当はな、奴ら記者じゃないんだ。ムジャヒディン（イスラム義勇兵）なんだよ」

といたずらっぽく笑った。

国連に記者証を発行させ、義勇兵を記者にしたて、戦地へ送りこむとは……。

世の中にはたいした男がいたものである。

「今日の便は終わりです」

兵士はそれだけ伝えると、むらがっていた記者達はやれやれといった顔で、口々に何事か悪態をつきながらロビーを後にした。

出て行こうとする記者をつかまえ、

「毎朝何時には空港に来てるんだ」と聞くと、うんざりした顔で、

「五時には来ないと、先を越されるんだ。システムがなってないんだよ。大きな通信社の奴らが必ず先に行ってしまうんだ。そのたびに記者同士と兵士でケンカだよ。もういやになるな」

横で話を聞いていたハシダさん、杖の先でトントンとフロアを鳴らし、

「よし、奴らが五時ならオレ達は四時で勝負だ」

と段ボールに手をつっこみ、タバコを取り出し、火をつけた。

「あっハシダさん、そんな事して」

自分達の事はなかったような顔で言いのけるタカハシ。

「ちょうど切れて無くなったから、いいだろ、タバコの一つくらい」

「そうじゃあなくて、そんな軽いものではなくてほらハムとか缶詰とかもっと重いものにして下さいよ」

「そうだなぁ」

何故か同意するハシダさん。チーズにかじりついた。

兵士を戦地へ送りこむような男もいれば、苦しい生活をしている人々への、あずかった荷物すら満足に保管し届けられない男達もいるのだ。

さすがに空港で寝起きするわけにもいかず、レンタカーを借り、市内の安ホテルに泊まる事にした。

4

バンコクを出てから五日間、取材らしい取材は一つもしていなかった。

早朝、ホテルをチェックアウトして空港へ向かい、飛行機に乗る事は出来ず、自分達より後から来た欧米の記者に追いこされ、まるで水戸黄門の主題歌のような日々をくり返している内に、いつの間にかクリスマスイブの二十四日になっていた。

「おい、今日サラエボ行けなかったら、タイトル変えなくちゃならないぞ」

空港ロビーで、くせの貧乏ゆすりを始め、杖をトントンと鳴らしながらせわしなくタバコをふかし続けるハシダさん。

「戦場のお歳暮ですか、大みそか、とか。いいんじゃないんですか別に。二年も会えなかった家族へのプレゼントですよ、一日や二日遅れたって、どうって事ないですよ」

その時であった。小さなノルウェー国旗を胸につけた二メートルはあろうかという大きな赤ら顔の兵士が記者達の前に現われ、

「今日は一便も飛びません」

と一言、そのまま事務所へ帰ろうとした。

一便もないとは、さすがにこの日は今まで以上に記者達のブーイングははげしかった。

昔、学生運動でならしたハシダさんは、もめ事になると血がたぎるようである。杖をつきながら欧米の記者をかきわけ、前へ出て、大声で、

「一便もないとは何事だーっ。記者をバカにしているのかあ」

大男の兵士に向かって叫んだ。

大勢の前でプライドを傷つけられたのか、兵士は言わなくてもよい事をつい口走ってしまった。

「お前ら記者は物資よりも順位は下なんだ。乗れるだけありがたいと思え。オレは記者が大嫌いだ!」

「なっ、なにをーっ」

日本語でうなると次は英語で、

「オレは兵士が大嫌いだ!」

と叫んだ。

普段であれば真っ先につっこんで行くハシダさんであったが、腰が痛み、体が思うように動かない。

「おい、カモ、タカハシ! やっちまえ、こんな奴ら」

杖をつきながら叫ぶハシダさんを見て、

「助さん、格さん、やっておしまいなさい」

と聞えたのは僕だけではないだろう。

タカハシは「プッ」と一度ふき出すと兵士に向かってつっこんで行った。

僕達二人がノルウェー兵士になぐりかかろうとすると、向こうは向こうで取りまきの小柄で機敏そうな兵士二人が大男の背後から飛び出して来て、胸ぐらをあっという間につかまれ、拳《こぶし》で思いっきり顔面をなぐられた。

兵士はやはり兵士である。ガツンと的確で、すばらしく速く重い一発で勝負は決まった。

記者もやはり記者であった。

あれだけ文句を言っていたくせに加勢してくれるどころか、何度もストロボが光った。

記者が嫌いになった。

この事が記事になったのかどうかはわからずじまいであった。

いつになったら行けるのだ、サラエボへ。

熱血アジアパー伝
現在沖縄で入院中。すぐ出られるそうです。

1

クリスマスイブの晩、アンコーナの街はひっそりと静まり返っていた。

ノルウェー兵士に、岩のように硬くて大きな拳で殴られたおかげで、左目の周りは真っ青なあざが出来、ふくれ上って目がよく見えなかった。

道をはさんで駅のすぐ向かいにある宿泊していた安宿に入って行こうとすると、若者達の華やいだ声が響いてきた。

ふり返ると車にスキー板を乗せているところだった。

二組のカップルは、これから車を走らせ、山へと向かうのだろう。

ひたすら重く、いまいましい機材や防弾チョッキをベッドに放り投げ、テレビのスイッチを入れると、どのチャンネルもクリスマス特番ばかりで、海をはさんだこちら側の国は、幸せな年末を迎えようとしていた。

兄夫婦が子供をつれて上京。
わーい
わーい
私の子供にもめちゃくちゃせがまれ
あの
にくき
浦安ねずみ園へ行く。
日本人は何でこんなねずみ園が好きなんだろうか。
とりあえず玄関のねずみ像にメンチ
これを中国人か北朝鮮がつくったであれば100メートルの巨大像になってたよな
やっぱ戦争に負けちゃったからだよなあ。

「ほら、これ」

と、水で冷やしたタオルをタカハシが手渡してくれる。

奴の頬も大きくはれ上って、おたふくのようである。

目が合うと、お互い、

「しゃれになんねーな」

と、言葉がそろい、にが笑いがこみ上げて来る。

少しずつ腰の具合もよくなってきているのか、いつしか杖なしでもハシダさんは歩けるようになっていた。

「晩メシにするか」

やる気のないハシダさんのかけ声で部屋をあとにする。

商店はことごとくシャッターを重くとざし、道行く人の姿は全くなく、三人の靴音だけが街灯に黒く光る石畳に響く。

レストランもカフェも、安食堂すらどこも店を開いておらず、暗闇にポツリとピンク色のネオンが光っているのが目にとまり、行ってみると、そこはポルノショップで、ガラス戸ごしに、ぶよぶよにきたなく太った店主らしき中年男が一人、どこか狂気をおしかくしたような暗い瞳で外を見つめていた。

オレも一緒に行くっ行くっ
仕事あがったし
酒もめずらしく抜けてるし
めったに家族でいられないもん
でも浦安ホテルまで。
いってらっさーい
ホテルでお留守番
鴨は行かない。

目が合うと、そそくさと店の奥にかくれてしまった。

「やっぱりクリスマスなんだよ。兵士だって休みたいよな。だってこのありさまだぜ」

人っこ一人いない歩道でハシダさんはつぶやいた。

石畳からつたわる冷気に身ぶるいしながら、三人は立ちつくしてしまう。

「僕らもクリスマスパーティーしましょうか、つまらないけれど。昼間目星をつけていた店があります。あそこならまずイブの晩でもやっていますよ。ついて来て下さい」

「そうだなあタカハシ。今晩くらいオレ達も気分変えないとな。よし、そこ連れていってよ」

着いた先は中華料理屋であった。

軒先に「チネーゼ」と真っ赤なネオンがチカチカしていた。

広い店内には、客はまばらで、三組のカップルが美しく着飾って、瞳を見つめ合いながらイブの晩餐《ばんさん》を楽しんでいた。

「カモ、タカハシ、今日はたらふく食え。カモは浴びるほど飲め！　だってイブだもん」

それは彼が今まで
戦場でみてきた
死体に申しわけが
たたないからだそうだ。
私もそれは正しいと思うので
パレードをみていたら
パレスチナ人のかわりに
あの
富士額に
投石
してやり
たくなり。
「あんたのやってる事は全部
まちがってるけど そうゆう
とこは好きだ」と言う。
くう

ハシダさんの言葉にどれどれとメニューをたぐりよせると、当然メニューはイタリア語で書かれており、わかりようがない。

レジの前で片ひじをつきながらひまそうにしている華僑の太ったおばさんがいたので手まねきをする。

三人は同時にメモ帳とペンをポケットから出した。

筆談でいこうとしたのだ。

やって来たおばさんに、まずハシダさんが一瞬筆を止め、次に〝酢豚〟と書く。

「ああ、いいですね。スブタかあ。ひさしぶりだなあ」

感嘆の声をタカハシがあげると、

「じゃあね、オレはね」

とつぶやきながら、〝湯麵〟とタカハシは書いた。

「あっ、オ、オレも」と三人ともタンメンを取る事にした。

「じゃあ飲むか！」と、〝茅台酒〟と書きこむと、おばさんはニコリ、

「ヨー（ある）」

と、こたえてくれた。

酒をほとんど飲めないタカハシとハシダさんは、イブなんだからと言ってビールを

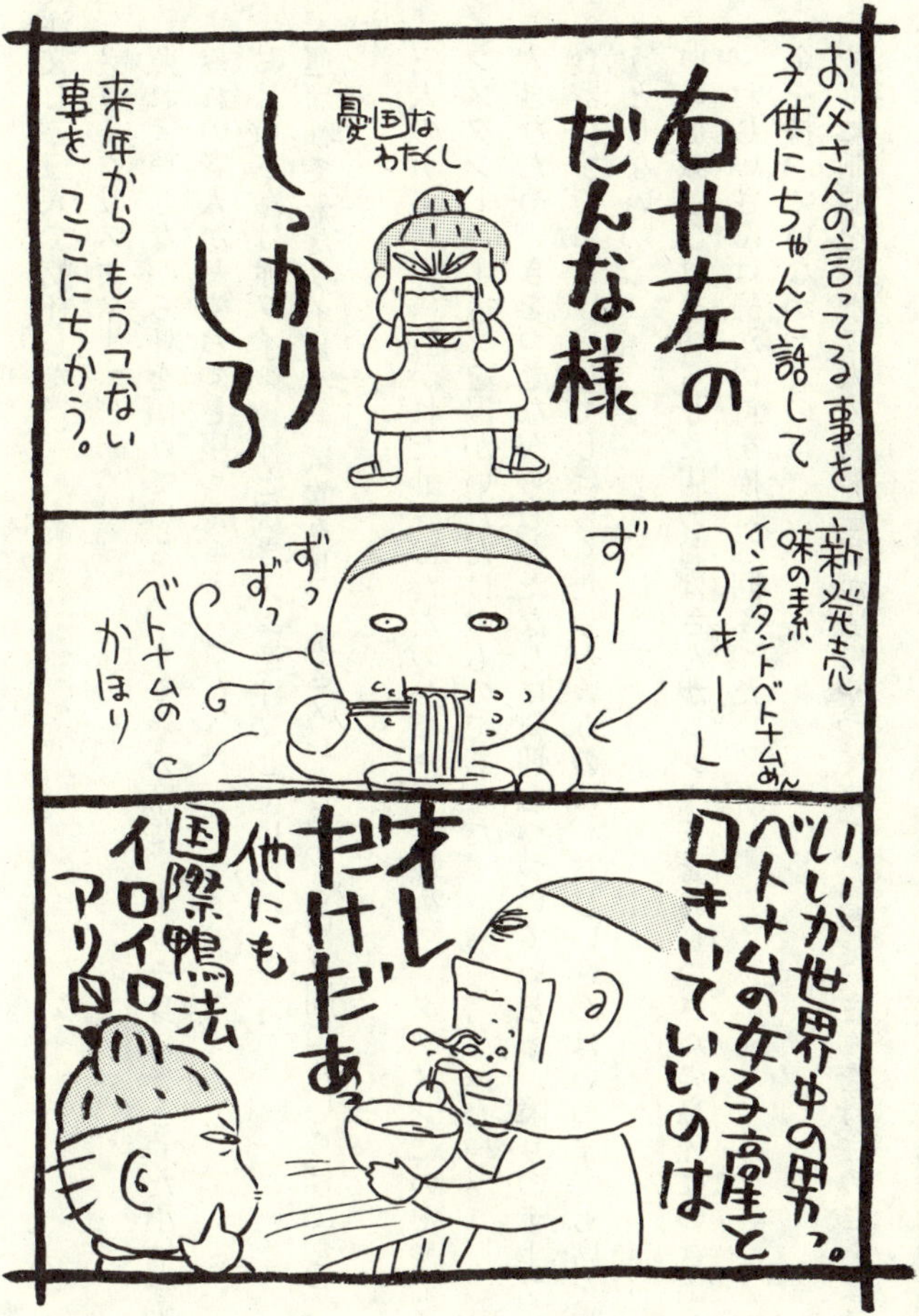
お父さんの言ってる事を
子供にちゃんと話して
右や左のだんな様
憂国なわたくし
しっかりしろ
来年からもうこない
事をここにちかう。
新発売
味の素インスタントベトナムめん
「フォーー」
ずー
ずっ
ずっ
ベトナムのかほり
いいか世界中の男っ。
ベトナムの女子高生と
口きいていいのは
オレだけだぁっ
他にも
国際鴨法
イロイロ
アリ〼

注文し、三人で乾杯した。

「メリークリスマス！」

照れ笑いしながら杯を傾けていると、すぐ横の席に、ボロを身にまとった小柄な脂まみれの老人がおずおずと座った。

おじいさんは赤ワイン一杯と焼きメシを注文していた。

運ばれて来たワインを一気飲みし、焼きメシをあっという間にたいらげてしまった。

三人のテーブルに置かれた酢豚はただのケチャップ炒めで、タンメンにいたってはインスタントラーメンを湯がいただけのものであった。

大きなためいきをつきながらしかたなしに料理をつついていると、隣りのテーブルの食器はすでにさげられてしばらくたつというのに、おじいさんはいつまでも席を立とうとしない。

いい加減しびれを切らした店のおばさんがレシートをおじいさんの鼻先につき出すと、おじいさんは静かに首を横に二回ふった。

金を持っていなかったのだ。

すぐに制服を着た二人の若い警官が店にやって来て、おじいさんをはさみこむようにして連れ去っていった。

その後ろ姿に店のおばさんは大声で何事か悪態をつき、言葉のはしに、

「ユーゴスラビア」

というのが聞えて来た。

「イブなんだよ。鉄格子の中でも、暖かい場所で眠りたかったんだな」

ハシダさんがタバコに火を点けながら、つぶやいた。

三人は食事がのどを通らなくなってしまった。

一言も喋らず部屋にもどり、テレビを点けると、あい変らず楽しげな、笑い声の絶えない番組が放送されていた。

2

ついに出発の朝を迎える事となった。

毎朝三時にはホテルを出て、レンタカーに荷物をつめこみ、まだ夜が明けきらないうちに空港ロビーに行き、兵士に名前を呼ばれるのを、ただじーっと待ち続ける。

一人、また一人と記者が集まり始め、数人の顔見知りも出来、内戦の情報を教えて

もらうのが日課となった。

昼前には大勢は決まり、まただめかとロビーのキオスクで白ワインを買い、やけ酒と決めこんでいた。

イブの日から四日過ぎた二十八日、じりじりとあせる気持ちで、なかばあきらめ気分で兵士が名前を呼び上げるのを聞いていると、突然、

「ハシダ、タカハシ、カモシダ」

とお呼びがかかった。

「よっしゃあ、さあ行くぞ！」

すっかり腰のよくなったハシダさんの気合の入った声とともに弾をはじかない防弾チョッキを着こみ、重い荷物をかかえながらゲートをくぐりぬけた。

残された記者は案の定「記事に使えるかもしれない」とフラッシュをばんばん浴びせかける。

その便に乗る事が出来たのは合せて六人だけであった。

兵士が英語で書かれた紙きれを一人ずつに手渡す。

「よく読んで自分のＩＤカード番号とサインをして返して下さい」

よく通る声で伝えてきた。

「なんですか、これ」

「読む必要なんてないよ。要するに国連機に乗って、地対空砲なんかで落っこちたり、被弾して死んでも、うちらは知りませんよってことだ。いいからちゃっちゃと名前書いて行こうぜ」

「どうせ漢字なんか読めっこないんだから」

そう言いながらタカハシは自分のサインを、〝山本五十六〟と書きこんでいた。元帥がどうなったか、タカハシは知らないのか。

救援物資も運び入れたカーキ色をした四発機C－130輸送機の中はうす暗く、座席は三十ほどのベンチシートが壁にそってあるのみで、何やらややこしいシートベルトをいじっているうちに、大きなプロペラ音とともに、あっという間に空へと飛び立って行った。

丸い小さな窓から見下ろすと、アドリア海はどこまでも静かに、まるで青磁のような色をたたえていた。

この海を渡るのに一体何日かかったのだろうか、と指をおって数えていると、

「ほら」

ハシダさんが肩をつつくので窓をのぞきこむと、もうそこはクロアチアであった。

ものの二十分でもう海を渡ってる。

「さあてと」

ハシダさんは着ていた防弾チョッキを脱ぎ、シートと尻の間にはさんだ。

「こんな事しても意味ないだろうけれど、まあ、気休めさ」

その行為を見ていると、何だかお尻がもじもじとして来て、つい同じ事をしてしまう。

M16もだめなチョッキで地対空砲を防げるわけがないのだが……。

雲の切れ目から雪をいただいた山々が現れ、その向こうの盆地に都市が見えて来た。

サラエボであった。

輸送機は一度大きく旋回すると、高度を下げ、ゆらゆらとゆれながら着陸した。

灰色の冬空の下、空港はいたる所が破壊され、管制塔はまるでアリ塚のように建築物と言えるような形をのこしていなかった。

兵士の様子を見ていると空港はその時点では攻撃を受けていないようで、塹壕《ざんごう》の中で笑っている顔が見えた。

到着ロビーと言えるような立派な場所ではないが、砂嚢《さのう》と、大きな鉄製のトレーラーをいくつも並べ、両側を守る形にした野外の待ち合い場のような所には国連兵士が待ち受けており、意味もない事にイミグレーションがあった。

記者は青色のヘルメットに青の防弾チョッキを着た兵士の座るデスクの前に一列に並びスタンプを押してもらうのだった。

兵士は一人ずつスタンプを押しながら、

「ウエルカム・トゥ・メイビー・エアライン。ウエルカム・トゥ・サラエボ」

と言葉を添えた。

いつ飛ぶかわからない飛行機。

メイビー・エアラインと名付けられたのだ。

ぶ厚い鉄で出来たトレーラーにも、いくつもの被弾したあとがのこり、こぶし大の穴がそこかしこにあった。

3

記者の宿泊出来るホテルは一つしかないと聞いていたが、実際には数軒の民宿の名前と住所、値段などが書かれた紙がコンテナに張られていた。

その中の一つに目が止まる。

「トイレ、シャワーあり、部屋清潔。

スペシャル・セクシーサービスあり」

とあった。

「カモ、行くぞ。装甲車出発するってさ」

空港から市内へ向かうには、どうしても三つの軍がにらみ合う最前線を通過して行かなくてはならないのだそうだ。

市民も誰一人住まない地区を通りぬけるのは、国連の装甲車にゆられて行くしかないのだ。

乗りこむ前にまたサインを書けという。

めんどうだったので〃一二三〃と書くと、「オーケー」と言われる。

装甲車を運転する兵士は腕の国旗を見るとエジプトからやって来た兵士であった。

後部にある小さなドアから車内に入ると、恐しくエンジン音がうるさく、また狭い。

同乗した外国人記者は背中を丸めなければならず、背が百九十あるハシダさんも同様にしていた。

心配そうに腰に手を当てている。

ガラガラと轟音《ごうおん》を立てながら、重たそうに動き出した。

のぞき窓ほどのほんの小さな穴から景色を見ると人影は全くなく、通り過ぎてゆく家々は壊れるだけ壊れ、焼けただれたいくつもの車は茶色くさびついていた。

走り出すと、運転しているエジプト兵士は、運転席のすぐ横につるした小さな古ぼけたラジカセのスイッチを入れ、スットコ、チャラリといったアラブの音楽を流し始めた。

音に合わせて巨体をゆすっている。

焼け野原を毎日運転していると、慣れてしまうものなのだろう。

しばらく行くと少しずつ通りを走る車や、着ぶくれした老人などが歩いているのが見られるようになり、車や、国連のトラックが停められている場所に入り、フランス国旗が翻える小さな基地で装甲車は停まった。

車から飛び降り、乾ききった冬の新鮮な空気を胸いっぱい吸いこんでいると、人々が群がって来た。

「通訳は必要ありませんか」

と聞いてくるのだった。

三十人はいようかという、通訳志願者の中から誰を選ぼうかと、一人ずつ、ハシダさんは注意深く観察していた。

「男がいいでしょう、ハシダさん」

「ああ、強そうな奴な。あっ、あいつでっかいな、あれいいと思わないか」

こちらが注目しているのに気がついて、二メートルはあろうかという大男はのそのそとこちらに向かって来た。

「通訳さがしてますか、安くしておきますよ」

「安くって、普通いくらなの」

「まあ一日二百ドル以上です。ドライバーつけて百五十でどうですか」

「よし決まり。さあ、さっそく仕事だ」

「わかりました。ホテルに荷物置いて、ボスニア政府の記者証作らないといけませんね」

その時、遠くの山間からするどい銃声が響いた。

「タタタタ」

一瞬ひるむ僕達を見て、

「大丈夫、ここまでとどきませんから」

と、大男は微笑しながら答えてくれた。

いつの間にか白い小型のドイツ車がやって来ていた。車に乗りこむと、小柄な中年の男は力なさげに手をさし出し、握手をもとめた。顔は青白く、ひどく瘦せていた。

「彼は三ヵ月前まで最前線にいたのです。病気になってサラエボへ帰って来たのですよ」

「ところで名前は」

「ボブでいいです。僕はアメリカでしばらく生活してました。だから英語が話せるのです。といっても出稼ぎですけれどね。グリーンカード持ってなかったから、あまりいい仕事出来ませんでした。もぐりのトラック運転手やバーの用心棒。麻薬まで売った事もある。そんな仕事でさえすぐクビにされちゃうんだから。結局移民局につかまって帰って来た。そしたらすぐに戦争だ。いやになる」

「ついてないねえ。でも通訳代、なんで安くしてくれたの」

「運転手は家族みんな死んじゃって、おまけにガンでもう長くない。僕も大変な病にアメリカでかかりましたから。でもだからって仕事をしないで国連の配給ばっかり食べているのもいやですしね。この国で僕のような男が出来る仕事といったら記者の通訳が一番いい仕事ですよ」

「大変な病って何？」

「まあ、それは後で話しますよ」

これも何かの縁といっても、戦場に出向いて初めて話した市民が二人とも命にかかわる大病とは、この先の何かを暗示しているのではなかろうか。

車は路面電車のレールが敷かれている広い一本道に出た。

車は急にスピードを上げる。

山からは断続的に銃声が響いて来る。

道をはさんだ両側の民家やアパートは、ぼろぼろの虫歯のように穴だらけである。歩道を歩く市民は、交差点にさしかかると身をかくす術がないので全速力で走りぬける。

「ここはスナイパーストリート。山にはたくさんのセルビア人狙撃手がいて、一般市民まで狙っているんです。この車にだって照準を合わせている奴がいるかもしれない。だからスピードを上げるんです」

タイヤは悲鳴を上げながらわき道に入って行った。

大きな建物の裏で車は停まった。

各国の記者達がたむろするホテル〝ホリディ・イン・サラエボ〟であった。

スナイパーストリートに面し、正面にはセルビア人勢力、ホテルをはさんでその真裏にはボスニア・モスリム人勢力がいるのだった。

このホテルも他の建物と同様、被弾し、焼けこげ、ガラスは割れ、何人もの人が死んでいた。

「ここがホリディ・イン？」

「そうです」

「各国の記者がいるの？」

「はい。全てです。世界中です」

「安全かな？」

「サラエボでその質問はないでしょう」

「まあ、ね」

スペシャル・セクシーサービスという言葉が脳裏をよぎった。

熱血アジアパー伝
今から考えるに
女子高生だったころほど
つまんない時期はなかった。

1

スナイパー通りに面したホテル、ホリデイ・イン・サラエボは、各国からやって来た記者でごったがえしていた。

大きなガラス張りの正面玄関は砲弾を何発も浴びたおかげで、こなごなに割れ、なおかつ通りに面しているのでいつ攻撃されるかわからず、あぶなくってしょうがない。現実に正面には厚さ二、三センチはあるかと思われる大きな鉄板が立てかけられ、そのためロビーは一日中日の光が入ってこず、寂しく、薄暗かった。

記者達は、元々は荷物をはこび入れるトラックなどが出入りしていた搬入車両用の裏口に、猛スピードで銃弾をさけながら乗りつけていた。

欧米の名の知れた通信社のほとんどは、銃弾をはねかえす事の出来る車体を持った戦場用のランド・クルーザーを純白に塗り変え、社名と一緒に、〝TV〟とわかりや

授業内容は一年生の
はじめあたりから
ついに
全教科ついて
いけなくなり
授業中はずっとおしゃべり
となりの席のみえは
一カ月前から髪型を
どう変えるかで悩み
まくり、
目があうと
一限目の授業の50分間
きっちり
髪型と自分の顔だけの
話を聞かされ相づちを
要求される。

すく黒テープを前後左右に張りつけていた。

つかれきった表情で車から機材をかついで降りて来る彼らは、無言のまま足早にホテルの中へと消えてゆく。

「毎日ニュース送ってるんだからな、大変だ」

ハシダさんが彼らの後姿を見ながらつぶやいた。

今にも雪が降って来そうな厚い雲のせいなのか、それとも冬のヨーロッパというのは日が暮れるのが早いのか、すっかり薄暗くなっていた。

さすがにいくら装甲車に乗っていようと、夜間の取材は皆避けているのか、いくつもの通信社の車がうなりを上げて、ホテルへと帰って来た。

記者達は皆一様に首から股間までガード出来る、しっかりした、藍色の防弾チョッキに、同じ色をしたヘルメットをぶらさげている。

その中で、いまにもこわれてしまいそうな悲鳴に近いエンジン音を上げて、裏門に急停車する小型車から顔を出す記者が身に着けている防弾チョッキは、ぞうきんのように手でしぼれそうなほどよれよれで、よくよく我が身を見直すと、同じベトナム戦争時代の代物だった。

どこの国の〝フリー〟も大変なんだなあ、と思いつつ、

左どなりのたえに話しかけられるともっと最悪だ。
今、片思いしてる男のしぐさや、クセの話だけを、一時間ノンストップで聞かされてしまう。
夜中に家をこっそり抜け出し、
海にとびこみ合戦
ばっしゃん
仲良しの男の子達とあそぶ。
あはは
ばっかでー
おぼれしんぞー
男の子と、男の子の遊びをするのが、そのころの一番のたのしみで

「何故この仕事を選んだのかなあ」

自問する。

「日が暮れる前に私達も帰ります。一応まだクリスマス停戦中と聞いてますので、今夜は安心して眠れると思います。明朝夜明けと同時にここで待っていますから、いつでも来て下さい」

通訳にやとったアメリカ帰りの大男ボブは野太い声でそう告げると、きゅうくつそうに巨体をおりまげ車に乗りこみ、家路についた。

白い息をはきながら灰色のくもり空を見上げると、ふわりふわりと淡雪が降り出していた。

山肌の塹壕にへばりついている兵士の肩にも降り積ってゆくのだろう。

チェックインすると、部屋は、

「504号です」

と伝えられる。

このホテルは冬季オリンピックの時にメインホテルの一つとして作られたという。

裏口は地階。フロントは一階。その上になんと三階分もロビーラウンジやらバンケットホールなど。

明け方、男の子がみえに
車で家まで送って
くれる。
今からガッコ行っ
て、またあの
タイクツな話を
聞かなくちゃいけない。
「あんたブスだから
どんな髪型したっ
て、ムダだよ」
て言えたら
すっげえ
すっきりだよなあ。
またずっと寝たフリしよ
あーあ

スポーツの祭典のために作ったものだから、〝504号〟とはいっても九階にあり、重い機材のほかにクロアチアの女医さんから預かった段ボール箱にぎっしり入ったクリスマスの贈り物までかついで階段を登らなければならないのだった。ヒーターも何も動いていない寒い中、エレベーターが動いていないとは思いもしなかった。

二階まで登った時に、

「おい、す、少し休もうぜ」

息をきらせ、ハシダさんが手すりにつかまりながらあえいだ。

「こんな事ならソーセージとか、チーズとかもっと食っておけばよかったな」

タカハシはひざをがくがくさせながらうなる。

「弾を通す、こんなバカげた重いだけのチョッキ」

腹立ちまぎれに、拳でごつんと思いきりなぐる。

一階登っては休みしている間にも記者達とすれ違う。

「ガンバレ」

だとか、

「いやになるよな、この階段」

女の子のはなしは
何でこんなに
つまんないんだろ。
だから私は
今でも
つまんないが
だいきらい。

と、やさしく声をかけてくれる。

皆一度ならずともこの登山のような体験をして来ているのだ。

やっとの事で部屋にたどり着く。

三人とも、ベッドに体を横たえ、しばらく口もきけず、身動き一つ出来ずにいた。

やがて日がすっかり暮れ、部屋が真っ暗になったので、ドアのすぐ横にあるスイッチをひねる。

点かない。

何度やっても同じだ。

ためしに風呂の蛇口をひねってみると、水すら流れ出てはこなかった。

バッグの中から懐中電灯を取り出し明かりの全くない廊下に出ると、二つ目の部屋はイギリスの通信社の支局兼休憩場だった。

中をのぞくと同じ歳くらいの女性が、テレビモニターに向かって編集作業をしていた。

なに一つ光のない部屋の中で、画面の映像からの光に顔の輪郭を浮かべ、くい入るように見つめている。

「すみませんが」

声をかけ、笑顔で挨拶をし、中へ入る。

「どうぞ」

静かにふり向きざま握手をもとめられると、ブロンドの美女だった。

この冷えこみだというのにTシャツ一枚で、つい胸に目をやると、たわわなふくらみの先はぽつりと飛び出ている。一緒にカプチーノを飲みたい。

ノーブラなのだ。

鼻血が出そうになる。

「今日サラエボに来たのね、日本からなの？」

「ええ、まあ。あのう水と電気が……」

そう言おうとすると、

「出る日と出ない日があるわ。電気もね。ちょっと待っててね」

彼女はロッカーを開け、太いロウソクを三本持って来てくれた。

「とりあえずこれ使ってね。あとバッテリーを充電したい時には言ってね。ジェネレーター使える時があればの話だけど。じゃ仕事あるからこれで、気を付けてね」

ありがとう、それしか言えず部屋にもどると、ハシダさんとタカハシは枕に背をもたせかけ、窓の外を見つめていた。

時おり銃声がしたかと思うと、五、六発の弾が一列に真っ赤に焼けながら、夜空を走ってゆく。

2

「なーにが停戦だ、やってんじゃねえか」

「時間はまだ六時ですよ、これからですかね」

「どーかなー。と言ってもオレ達、装甲車なんて持ってないしな、何かあってもホテルにいるしかないぜ。それより腹へったな、メシ食いに下山するか」

いやいやながらも、もしものためにカメラをかつぎチョッキだけは身に着け、二階にある大ホールのレストランへ向かった。

今日一日見てきた事を忘れてしまうために、無理をしているのか、それとも本当に神経がマヒしてしまったのか、大勢集まった各国の記者達は、大いにはしゃぎ、歌い、酒をくみかわしていた。

紙きれ一枚のハガキ大のメニューがあり、ハシダさんが手に取る。

「おい、カモ、酒はだめだ。ビールでがまんしろ」

メニューといっても簡単なコース一種類しかなく、料理よりもワインなどアルコール類は全てその三倍近くの値段がした。

例外はビールだけで、それでも五百円もする。

しかたない、今夜はビール一本だけにしようか、と思っていると、青白くやせ細ったウエイターは、あっという間に三人の前にスープ、サラダ、肉、パンを並べ、何も言わず去っていった。

何の味もしない透明なスープ、しょぼくれたサラダ、ゴムのようにかたいブタ肉……。

「腹がふくれるだけ幸せさ。食うもんもない人達だっているんだから、この街には」

もそもそと頬ばりながら、ハシダさんはしかたなしにつぶやく。

ビールを口にふくむ。

気はぬけ、味は今までに飲んだ事のないひどいにがさであった。

「しょうがないさ」

と、飲み干そうとしたその瞬間、すぐそばに雷でも落ちたのかと思うほどの大きな爆発音と揺れ、すぐさまそれに対抗するかのようにマシンガンをみだれ撃つ銃声が響く。

各国の記者も動きを止め、音に集中している。

ウエイターは何故かあわててカーテンをしめ始める。

「バシン」

大きな音とともにホテルが小きざみに揺れた。

全員食事を中止し、走り出す。

ホテル内にある支局へと向かって行った。

中には飲みかけのウオッカを握ったまま出て行った剛の者もいた。

「よし行くぞ、停戦終わりだ。撮りに行くぞ！」

ハシダさんの叫び声とともに走り出す三人。

「行くぞって言ったって、どこへですか」

「ん、とりあえず部屋。部屋の近くに着弾するかもしれないから、それを撮影だ。オレ達、車ないんだからそれしか出来ないだろ。インマルサットも持ってないんだから、今すぐ日本に映像送る事も出来ないし、いいんだよ」

ずっと以前からこのホテルに滞在している記者は、もともと体をきたえているのもあろうが、なれた様子で、長い階段をひょいひょいとかけ登ってゆく。

こちらはよちよちと、二階上っては「ヒーヒー」と悲鳴を上げ、後からどんどん追いぬかれてゆく。

「ちょっと休憩」

部屋に着くなりベッドに体を放りなげると、三人とも、荒い息をととのえようと瞳をつぶる。

少し落ち着き、薄目をあけ窓を見ると、左右から銃弾の火の礫《つぶて》が行き交っている。

その後を追いかけるように同じ数の、

「タタタタン」

という銃声が山にこだまして響いて来る。

「バッシーン」

大きな破裂音とともに、ホテルがまた大きく揺れた。

ロウソクをくれた女性記者が、

「キャーッ」

と、大きく叫んだ。

女の悲鳴を聞くと三人は自動的に体を起こした。

「カモ、カメラ！　何でもいいからもう回しておけ。タカハシ、マイクの準備、いいな！」

懐中電灯で足元を照らしながら廊下に出ると、各通信社も皆カメラをかつぎ、走り回っていた。

3

同じ階に、被弾してボロボロになった部屋があった。

先程のものではないのだろう。

黒こげになった部屋には炎も、煙もなく、やぶれた外壁は、

〝ＵＮＨＣＲ〟

と青く書かれたビニールシートで覆われていた。

八五ミリ砲なのだろうか、その威力はすさまじいもので、どうやら弾は右隣りの部屋の外壁をつきやぶり、この部屋の壁をもぶちこわし、今三人が立っている場所をこなごなにし、風呂場をめちゃめちゃにして、やっと破壊は終わったようだ。

廊下までつき出なくてよかったと思う。

部屋を照らすと、いやにティッシュが丸まっていくつも捨てられていた。

「水が出ない時もあるのよ」

女性記者の言葉が蘇った。

各国の様々なクソが潜んでいるのだった。

氷点下だからよかったものの、これが春先だったりしたら、さぞかし臭ったであろう。

国連のシートをアーミーナイフでタカハシが切り裂く。

三人が首を出して外を見られるだけ切ると、その部屋の外壁は、すっぽりと足元から何もない事に気づいた。

「おい、あぶねえぞ、落っこちるところだったよ」

身をのり出して外を眺めていたハシダさん。

真下にはこなごなにくだけちったガラス片がちらばっていた。

「おいカモ撮りっ放しだな、よし赤い火の弾が行き交うのと銃声をひろっていればいいから。タカハシ、マイクよこせ、しゃべるから。落ちたらあぶないから後ろからカモの事、必死でおさえておけよ、いいか、よーし」

どこからひろって来たのか、タカハシは太いロープを腰にまきつけてくれ、外壁から外へ、ぎりぎりまで身をのり出す事が出来た。

イヤホーンを耳にあてると、マイク音声はもう入っていた。

「ハシダさん、もうレポート出来ますよ」

イヤホーンごしにタカハシの声が響いてくる。

それをハシダさんは聞いていないのか、銃声が激しく鳴り響き、レポートには一番良いタイミングだというのに、

「カモ、カモちゃんたら、あぶないって、落ちたら大変だよ。だからあぶないって、もう少し後ろに下がれよ……」

「ハ、ハシダさん、マイク、入ってますよ」

タカハシが小声で言っているのが聞える。

その間もバリバリと銃声が響きわたり、一列に礫は激しく行き来している。

ハシダさんはマイクを口にあてているというのに、まだ気付かず、

「あぶないっていってるだろカモ、ん、あれ、なんだ臭いぞ。ありゃ、ウンコ、ふんじゃってるよ、オレ。あーあ、きったねえなあ」

少しずつ銃声が少なくなってきた。

ハシダさんのほうへふり向き、

「もうさっきからテープ回ってますよ、ハシダさん！」

と叫ぶと、

「ウンコ、きったねえ、え、回ってた！　……どうやらクリスマス停戦合意は破られたもようです……。内戦の行方は……」

やっとまともなレポートを始めた時には、撃ち合いは終わってしまっていた。

「どうだった、撮れてたか、カモ」

「……映像はいいですけれど、音声あれじゃあ使えませんよ。あぶない、とウンコしか入ってないんですよ……」

「また、やっちゃったか。ま、まだあるだろ、こういう小ぜり合いは。それに明日は女医さんの家族のところまでプレゼント渡しに行くんだし、そのための映像だからさ、気にするな」

気にするなじゃあない。

めずらしくタカハシも、憮然《ぶぜん》とした顔になっている。

時おり鳴り響く銃声に、なかなか寝つけずに窓から外を眺めていると、深夜だというのに記者を乗せた白塗りの装甲車がホテルへと入ってくるところめがけ、兵士が遠く山から銃弾を浴びせかけている。

からかっているのだ。

恐怖を浴びせかけ、兵士はうさをはらしていた。

丸ごしの記者にまで同じ事をするのだろうか。

何の意味もない防弾チョッキを着直して、その晩は眠る事にした。

4

目が覚めると、腕組みをしながらハシダさんは窓の外を眺めていた。

外は雪が降り続いていた。タカハシはベッドの上で取材のための準備をしている。

「お、目覚めたか。顔洗えっていっても水が出ないからそうもいかないか。あっそうだ、これ使えよ。肌がつるっつるになったぞ」

そう言ってよく聞くメーカーの小さな白いチューブを投げてよこした。

「ヨーロッパは空気が乾燥してるからと思って買って来たんだよ。ほらオレの顔、つるつるだろ」

チューブを見ると〝ニベア・シャンプー〟と書いてあった。

こんなところまで来て、朝っぱらからいいボケかましてくれるハシダさん。

「僕、脂性ですから」

と、真実を伝えぬまま投げ返した。

「そうかあ、つるつるになったんだけどなあ、まあいいや。早速取材に出かけるか」

長い階段をてくてくと下りてゆくと、裏口には大男のボブが立っていた。

「グッド・モーニング、昨晩は思ってもみませんでした。五日ぶりですよ、あれだけ激しかったのは。何か撮れましたか」

「うん、ばっちり、いいの撮ったよ。レポートが少しだけよくなかったけれどね」

「少しではありません」

タカハシと声がそろう。

「まあいいや、それではプレゼント届けに行きましょうか」

外へ出るとドライバーが運転席から弱々しく手をふる。

昨日よりまた一段とやせたように見えた。

「まず、そのたずねる先の住所見せて下さい」

タカハシがメモを渡す。

顎に手をやり、むずかしい顔をして眉間にしわを作るボブ。

「アイ・シー。まず情報省へ行かないといけませんね。この家族の住んでいる場所はセルビアとボスニアの最前線のすぐ近くにあります。たとえ記者であろうと外国人が立ち入れるかどうか、確認を取らなければなりませんよ。見せられない情報がきっとあるはずですからね」

そう僕達に説明すると、運転手に行く先を伝える。

猛スピードでスナイパー通りを通りぬけると、ボスニアテレビ局の前で車を停めた。

「ここで友人が働いています。今後何かの助けになるかもしれませんので、紹介しておきましょう。ボスともう一人来て下さい」

「わかった、カモ、通りでも撮影しておけ。ちょっと顔出して来るから」

ウエイトと短く言うと、バッグから〝ニベア・シャンプー〟を取り出し顔にぬりたくった。

「ほら、女性かもしれないし、ね」

シャンプーを顔にぬり続けて大丈夫なのだろうか。まあ他人事さとカメラを肩にかついでいると、

「シュル、シュル、シュル」

と、空気をかきまわしながら切る音が響いて、

「バッシーン、ドシーン」

と、ものすごい地響きが二度した。

普段でもあわてて走るスナイパー通りを、市民は大あわてで逃げまどい、テレビ局めがけ、走って逃げて来た。

ロビーの堅固な太い柱のかげに大勢が身をよせ、心配そうに轟音のした方を見つめている。

いつの間にか、撮影しているすぐ横に運転手がやって来て、守るようにズボンのベルトに手をかけてくれている。

何かあればすぐにテレビ局の中へつれこもうとしてくれているのだった。

「シュルシュルシュル――」

その音とともにベルトを引っ張られる。

恐怖におののいた瞳で説明し始めた。

指さし、

「チェトニク（セルビア軍）！　タンク！　スリータンク！　スリーハンドレッドメーター」

三百メートル先に戦車砲が着弾したと言いたいのだった。

手で段ボールを持つ形を作り、

「プレゼント、ファミリー、ゼア」

おい待てよ、戦車砲のたたきこまれる地区に家族は住むというのか。

運転手と瞳が合う。

「デンジャラスじゃねえか」

「イエス、ベリーベリー。ベスト。モスト。アン・ラッキー。オー・マイ・アッラー」

そこまで言っておきながら運転手は〝ニタリ〟と笑った。

いいのさ、オレはもうすぐ死ぬから、そんな目だった。

「いやあ、お待たせ、なんかえらい音していたけど、大丈夫だった？　いい男でさ、ホテルが停電の時はいつでもバッテリー充電しに来ていいってさ」

通訳が運転手に目で合図すると、かけよって乗りこんだ車を四人のところまで回し、旧市街の入り口にある情報省へと走らせた。

破壊された家々には〝国連〟のシートが貼られ、街のいたる場所に破れた水道管があり、降りしきる雪の中、こごえる手で人々はバケツで水くみをしている。

市場もいくつか見うけられるが、貨幣を持つ人々がそういるわけでもなく、結局、国連からの配給にたよらざるをえないのであった。

情報省の待ち合い室で一時間以上待たされる。係官にやっと会う事をゆるされ、出された答えはこうであった。

「最前線ゆえ機密が多いので昼間は絶対に行かせられない。夜、八時以降、二十分間だけならばその家族に会わせよう。ただし私も同行するし、もし不審な行動をとったり、私の許可なしに撮影すれば逮捕もありうる。そして、昨晩のような激しい戦闘になった場合は、残念ながらそのエリアには入れない。それでよろしければお連れしましょう」

シャンプーのおかげでピカピカにつっ張った肌になったハシダさんは、ぱあっと明るい顔になり、

「オーケー、サンキュー」

と握手した。

部屋を出るとボブが、

「よかったな、ボス」

少しつかれた顔でつぶやいた。

初めて会ったその日に、死の影がちらつく病だと聞かされていたハシダさんが、

「薬あるのか？」

と聞くと、

「いや、もう手おくれなんだ」

力なく、下を向いた。

一瞬、思案顔したハシダさん。

「おい、肉でも食いに行かないか、金出せばきっとどこか一軒くらいあるだろうよ」

「いいですけど、食い物もろくにない街だっていうのに、あるのかなあ」

タカハシが〝ステーキ〟と伝えると、

「オーケー、いい店ある。そのかわり高いぞ」

言うが早いか、すたすたと歩き出した。

内戦などなければ、きっと本当に美しい街並みであったろうサラエボの街を歩く。

若い男のほとんどは軍服に身をかため、その横を一緒に歩く娘は、必死に男の腕につかまっていた。

小さな市場をすぎ、路地を進むと地下へ入ってゆく美しいレストランがあった。

入りしな、

「高いぞ」

念を押すように、もう一度ボブは伝えた。

「いいよ、たかがしれているさ」

四人はステーキと赤ワインを、運転手は、

「ストマック、カット」

泣きそうな顔で、胃をさすりながら弱々しくいい、スープとパンを注文した。

薄暗い店内には十席ほどしかなく、しかし満員であった。

客は全員女連れの、軍服の肩に星がいくつもある将校ばかりで、ワインを飲み、くつろいでいる。

「ここのステーキは普通のが百ドイツマルク（約七千円）、ワインだってそんなもんさ。あいつら前線なんか行った事もない。酒ばっかり飲んで作戦なんか打ち立てられるか、いやな奴らさ」

義勇兵が彼らを見たら、どう思うだろうか。

「ズシン」

迫撃砲だろうか、すぐ近くに落ちた音と響きがした。

将校らは一瞬立ち上ったが無線で連絡を取る者が一人いるだけで、またゆったりと女を抱きよせ、ワインをすする。

通行人に場所を聞きながらいそいで現場に向かうと、血の海の前で老人がうずくまっていた。

指を三本立て、静かに落涙する。

ため息も出せなかった。

死体はもうどこかに運ばれた後だった。

同じように轟音を聞きつけてやって来た記者数名が、爆破現場を撮影し、カメラに向かってヘルメットまでかぶり、早口でレポートしているのが見えた。

演出じみていて、いやらしかった。

5

夜、女医さんから預かった贈り物をとどけに、家族の住むアパートへと向かった。

明かりは何一つない。

ボブがドアをノックし、スプリットでこの日本人はお嬢さんに出会い、クリスマスプレゼントを持って来たと説明する。

「どうぞお入り下さい、と言ってます」

彼の通訳にまねき入れられ、部屋に入ると、電気はきていない。部屋の中はキャンドルで、かろうじて見渡せる暗さだった。

ずっと撮影し続ける。

背後の情報省の視線が気になる。

「お嬢さん、スプリットで元気でしたよ」

そう言いながらハシダさんは一緒に預かっていた手紙をお母さんにさし出した。

手紙をひらき、一行読み始めた途端、お母さんはむせび泣き、とめる事が出来なかった。

やさしくかたわらからお父さんが声をかけ、やっとわれに返る。

ボブの通訳を通して、クリスマスを祝う言葉や離ればなれに暮らす悲しさがつづられているのがわかった。最後に品物の目録が書かれているのであった。

ハム、チーズ、スープの素、タバコ……。

それは何十品目にもおよぶのだが、ぜんぜんたりない。

それはそうだ。

「ボス、あれもない、これもないとお母さんは言っているけれど、どうしました？だれかに盗まれましたかねえ……」

盗んだのではない。

ハシダさんの腰痛から始まって荷物が重すぎて、僕達はまずしくて……。

そう、まずしいのがいけないのだ。

何を思ったのか、ハシダさん、バッグからシャンプーを取り出すと、

「これ、僕からのプレゼント。顔にぬるクリームです」

お母さんはうれしそうにうけ取ると、

「オオ、シャンプー!」

と叫んだ。

「え、クリームじゃあ? あれま、シャンプーって書いてあるよ、何だったんだ、あのつるつる感は」

ロウソクのあかりの下で見ても、いつの間にかハシダさんの顔は赤くはれ上っていた。

取材を終え、ボブと別れの抱擁をしていると、大男のかげにかくれ、ほっかむりをした老婆が恥ずかしそうにこちらを見つめていた。

「ボス、頼みがある。俺はもうすぐエイズで死ぬ。家族といえばクロアチアに弟家族がいるだけだ。俺が死んだら、たった一人残る年老いた母さんはのたれ死にしてしまう。相棒の運転手が陸路の抜け道を知っているんだ。どうかバアさんをかくして検問を突破して、クロアチアまで連れて行ってくれないだろうか」

「ちょっと待て、陸路だと！」

いやだと言い出すと思ったら、

「タカハシ、マイクの用意、カモ撮るぞ！　ボブ、今の初めから話し直してくれ。いいか、ハイ、キュウ！」

片目で運転手を見ると、〝ニヤリ〟と笑っていた。

タカハシはさっそく地図を広げて抜け道を確認している。

ボブは名演技をこなした。

シャンプーのせいで真っ赤な顔をしたハシダさんは間違えてタバコのフィルターに火を点けようとしてもがいていた。

取材が始まろうという時、決まってハシダさんは集中しすぎて、とんちんかんな事をしてしまう。

バアさんをかくしたまま、車は戦場のものものしく恐しげな検問を突破した。

偶然拾ったもう一つのプレゼントを送りとどけるという話のおかげで、一回の放送予定が二回になり、ギャラも倍で売れたのだった。

熱血アジアパー伝

1

ホテルの部屋を出て国際通りへと向かう。

うす暗い、橙色がかった街灯の下を歩き、ふと夜空を見上げると、月は生まれたばかりで、まだ細い顔は白く、おぼろに輝いている。

肌にまとわりつくような、湿度と気温の高い夜風には、潮の香がまじりこんでいて、港町であるというのを改めて知らされる。

世界中の都市には、その街特有の匂いがあり、那覇《なは》の夜には、少しの潮の香りにのって、饐《す》えたコンクリート壁と、何故だろう、よもぎの香りに満ちていた。

あてどなく彷徨《さまよ》っていると、雑貨屋の開け放たれた入り口の前に小さな椅子を出し、ランニング一枚と半パン一つになったおじさんが、うちわをあおぎ、夜風にあたっているのが見えた。

嗌、飲酒別居鴨
と、今沖縄
んーー
古酒を飲む
飲みすぎじゃないっ？
お前にだけは言う権利はないっ
ボクは大丈夫ウコン飲んでるから
コレ
ホラ
お客さんあたしはキクんですよキクんですけどねえ
ウコンの精霊
あんたに飲まれるウコンはさぞや荷が重かろうねえ
ゴブゴブ
肝一発

話しかけたい衝動にかられ近づくと瞳が合った。

「暑いですね」

「まだまだ、こんなものじゃあないよ。もうすぐ梅雨があけるから、そうしたら暑くってよく眠れないさ。だから飲むしかないよ」

傍《かたわ》らにあるアイスクリームの入った冷凍庫のガラスで出来た引き戸の上には、紙コップで売られている泡盛が置かれていた。

一口ぐびりと飲《や》ると、もそもそと店の中に入って行き、

「飲んでいきなしゃい」

大きな掌に握られた売り物の泡盛を手渡される。

「えっ、いくらですか」

「いいから、いいから。飲みんしゃい。売るほどあるんだから、ワハハ」

布袋《ほてい》様のように大きな腹をゆすって、豊かな笑い声を上げた。

「若者は、どこから来たの？」

「東京です」

「一人でか？」

「はい、一人です」

ここからスタート
ゴーヤ煮
ピザ
ゴーヤチャンプル
鳥のからあげ
ゴーヤサラダ
ウインナ
ゴーヤ
やきそば
ゴーヤ
好き嫌いをする子お母さん大嫌いです
ゴーヤのお皿をクリアーしないと次のお料理に行ってはいけません
うう
うう
プールに行く子はゴーヤを食べた子から
もうかわいそうだよー許してやれよー
うう
うう

「寂しいでしょう」

「もう、なれましたから」

「そうか。ハイ、カンパイ」

ぐいっと泡盛を飲み干す。

こちらも負けじと空にする。

のっそりと立ち上がり、また店の奥から泡盛を持って来て、

「ばあさんには内緒だから」

そっと、居間をのぞきこみながら小さな声でささやいた。

野球中継をくい入るように見つめる、おばあさんの横顔が見えた。

「おにいさん、遊んでますか？」

「遊ぶというと」

「おんな、おなごだよ」

「いや、沖縄に来て、まだ一度も」

「若い頃はよく遊んだもんだ、真栄原《まえはら》いう場所があってな。ちょんの間よ。今から行って来なさい。男には、どうしようもない時があるんだから、いやな事忘れに行って来なさいよ」

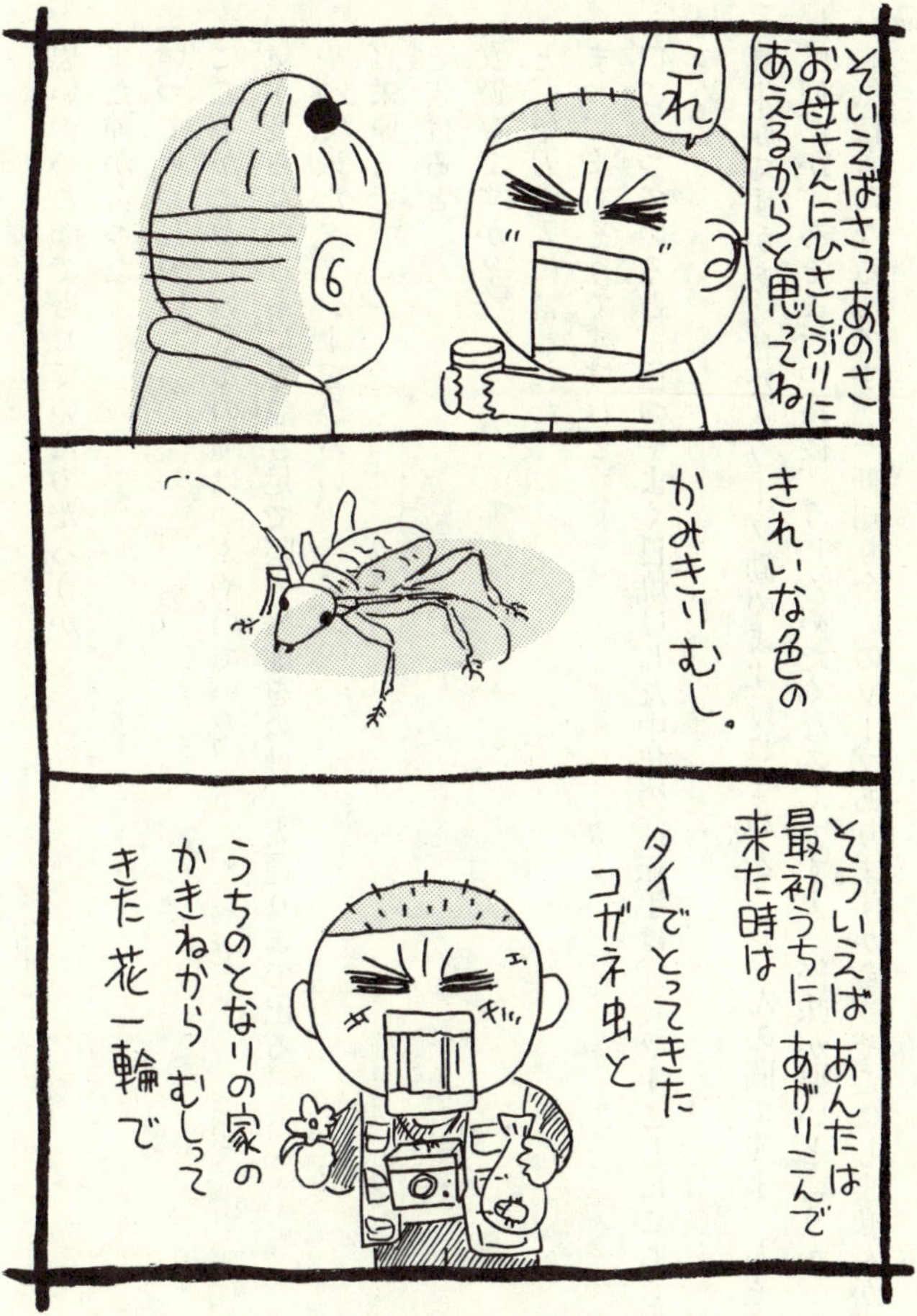
そいえばさっあのさ
お母さんにひさしぶりに
あえるからと思ってね
これ
きれいな色の
かみきりむし。
そういえば あんたは
最初うちに あがりこんで
来た時は
タイでとってきた
コガネ虫と
うちのとなりの家の
かきねから むしって
きた 花一輪 で

思いつめた顔でもしていたのだろうか。

また瞳が合った。

「いってらっしゃい」

にこやかにおじいさんの瞳はつぶやいていた。

気が変らないうちにと急ぎ足で暗い路地をぬけ、大通りまで出る。

やって来たタクシーをひろい、

「真栄原まで」

と告げると、

「女遊びですか?」

と、単刀直入に言われた。

「まっ、まあそうですけれど」

口ごもっていると、色つやよく日焼けした中年の運転手は、ミラーごしにこちらを見つめ、

「真栄原ですかぁ、私ならソープ勧めますけれどねえ。ちょんの間ですよ、あそこは。何だか、あそこ行った後、うしろめたくなるんですよ。後味が悪いと言うか、寂しい気持ちになるんです。一軒知り合いのソープありますから、そこにしませんか。

あんたは100エーカーの
森の中に住んでいる
クリストファー
ロビンのようだ。
森は自分で出て。
これで
家に
帰れると
思ったら
大間違い
だからね
どっひ〜
ええええっ
ダメなのぉっ

悪いようにはさせませんから」

マージンが入るからなのだろうが、ちょんの間は寂しくなると言われると気勢をそがれてしまう。

「じゃあ、そのソープ、行ってみようかな」

中途半端な気分で、つい、答えてしまった。

2

泉崎交差点をタクシーは進み、辻街と呼ばれる場所で車は停まった。

「ここが知り合いの店です。楽しんできて下さいな。玄関にいますので、納得出来なかったら真栄原までお連れしますよ」

「さっどうぞ、どうぞ」

ボーイと呼ぶには歳の行った中年の、いかにも、といった感じの目付きの悪い、うらぶれた男に案内され、待ち合い室に入る。

ほどなくして色白の大柄な娘が、真紅のチャイナドレスを身にまとい、やって来た。

「いらっしゃいませ。初めまして、ミホと申します。どうぞ、お部屋二階に用意してあります」

歳は二十五、六といった感じだろうか。

目鼻立ちのくっきりとした美形だ。

部屋に入り、入浴料一万五千円支払う。ふと不安が脳裏をよぎった。

たて続けに三十五度の泡盛を二本、ストレートで飲んだ。

まさか、中折れは、ないだろうな。

大丈夫だろう。美人のミホちゃんにやさしく手ほどきしてもらえば、たぶん。

風呂に湯を張りながら、彼女はマットの用意をし出す。

「じゃあ、服脱いで、お湯につかって下さいね」

言われるがままに湯につかる。

いかん。あっという間に酔いがまわって来た。

ミホちゃんが服を脱いだ。

裸になった彼女を見て、息をのんでしまった。

可愛らしい小さな顔からは想像出来ないほどに、体の線はくずれていた。

顔には出ていない苦労が、体中にあふれている。

声にこそ出さないが「出来ません」と心の中でつぶやいた。

「どうぞ、こちらへ」

と、マットの上にうつぶせに寝かされる。

通称〝泡おどり〟が始まった。

小さなウリのように細く力を失って下を向いた胸が背中にあたり、ぶよぶよの下腹がぬめぬめと踊っていた。

中折れどころか、何の反応もしめさない。

「ここだって充分に後ろめたいぞ」

起き上ろうとしない己に言い訳をつけながら、もうあきらめていた。

「あのさ、飲んできちゃったから、ダメみたい。体洗ってくれるだけでいいからさ」

入って間もないというのに、さっさと敗北宣言をする。

「でもサービスはしないといけませんから」

「いいから、出る時には大げさに気持ち良かったって言っておくから。体洗うだけでいいよ」

「そうですか、じゃあそうさせていただきます」

体を洗うのに十分とかからず終わってしまった。

服を着て部屋を出ようとすると、ミホちゃんはだめだと言う。目一杯時間内サービスをした事にならないから、マネージャーにしかられてしまうので、決まり通り一時間ここに居てくれとたのまれた。

無駄話をするしかあるまい。

「貴方《あなた》は沖縄の人じゃあないよね」

「判ります？　北海道の函館から来ました」

「オレも札幌だよ。奇遇だね。まあでも今は東京で暮らしているけれどね。しかしまた、はしからはしに来ちゃったたって訳だ」

「そーですよね」

しばらく気まずい沈黙が続いた。

初めて会った、見ず知らずの女性の人生を、あれこれ聞くのは失礼な気がした。それこそ人の勝手だ。

「でも本当になんでここまで来ちゃったのかなあ」

ぽつりとミホと名のる女が、カビだらけの天井を見つめながらつぶやいた。

返す言葉が見つからず黙っていると、

「私ね、父親を憎んでるの」

「…………」

「あんなひどい男。母さんが心配で、母さん一人にしておけないから一緒に住んでいたんだけれど、二年前に離婚出来て、私も自由になれて、青森へ行ったの」

「どうして青森へだったの」

「だって一番近いベースキャンプあるじゃあない」

「ああ、三沢か。でもベースキャンプとは」

「父を憎んでいるうちに、日本の男全員が憎くなったの。私、米兵と結婚してアメリカ人になるの。だってアメリカって自由の国でしょ」

ぱっと顔が少女のように輝いた。

「あっ、お客さん、今〝でも〟って顔したわね。なぜソープにいるかって顔したでしょ。単純な話よ。男運まるでないの。最悪」

きっと日本人の男にも、乗りかえて米兵にしても、だまされ続けてきたのだ。

「じゃあ仕事休みの日はキャンプまで遊びに行くんだ」

「そう。コザか金武《きん》ね。私は金武が好きなの。たまたま知り合った男が金武のベースにいたし、金武の方が黒人多いのよ。あっ、ちょっと前ペイデイだったし、今日独立記念日よ。賑わっていると思うわ。行ってみたらどうかしら。楽しいハズよ」

米兵と友達になろうとも、ましてや結婚もしたくはなかったが、キャンプ周辺のバーは前々から行ってみたい場所の一つだった。

時間は丁度一時間が過ぎていた。

「スケベ心でやって来た客に色々話を教えてくれて、どうもありがとう。マネージャーにはよかったと話しておくよ」

「いいえ私こそ、つまらない話してしまったかも。でも金武へは行ってみて下さいね」

玄関まで彼女は見おくりしてくれ、マネージャーには大声で「いやあ付いてくれた娘、最高だったよ」と大げさな嘘をつき、待っててくれていたタクシーに乗りこんだ。

「どうでした、よかったでしょう。これからどうします。やはり真栄原まで行きますか」

「いや、それはいいや。それより金武まで行くには何分くらいかかりますか？」

「これから金武ですか。遠いですよ。一時間くらいかかるかなあ。でも、どうしてあんな柄の悪い所へ行く気になったんですか。この間も女の子が米兵に暴行されたんですよ」

「いやあ、これからの話、ソープの知り合いっていう人に話さないで下さいよ。付いてくれた女の子が金武に行くといいって教えてくれて。今日は独立記念日だから、ことさら賑わっているだろうから行けって」

「そうですか。ではコザに行きませんか。ベースありますし、同じ米兵でも、コザの方があらくれ者少ないでしょうから」

「えっ、違うんですか？」

「金武は海兵隊。コザは海軍さんだから」

一つにまとめて米軍としか考えていなかったので、種類分け出来る沖縄人は、やはりつねに身近に接して来た人達なんだと、改めて考えさせられる。

「金武はやめておきましょうね。コザで充分だと思いますよ。それにほら、もしまたその気になったら真栄原にも近いですし。ねっ」

真栄原の事をすっかり忘れていた。

昔ながらの遊廓の風情がのこっていると、誰かから聞いて行ってみたかったのだ。

「それでは運転手さん。金武はやめましょう。コザに行って、帰りにもし時間があったら真栄原へ行くというのはどうですか」

「わかりました。そうしましょう」

車は国道58号線を北上する。

有事の際は軍用道路になるのでは、と思えるほどに幅の広い道であった。

タクシーの横を数十台のバイクがけたたましい音を立てながら猛スピードで走り去って行く。

運転手はそれを見て、

「バカが。一人じゃ何も出来ん奴らが」

いまいましげに、はき捨てるようにつぶやいた。

「コザでは米兵の集まるバーでいいですね。沖縄では米兵と付き合いたがる女の事を〝アメ嬢〟と呼ぶんですよ。米兵の集まるバーに来る娘が全員アメ嬢という訳でもないのですけれど、私にも娘がいましてね。そういった所には行くな、とは言ってますがね。ほら、やはり事件が時おりあるではないですか」

「同じ人間なのに米兵がとなると話が違ってくる」

「苦々しいです。ほら、あれ見て下さい」

車はコザに入ろうとしている。

道の両側にはキャンプで暮らす軍人用のアパート群が見えて来た。

「あのアパート。将校のためのものですが、全てセントラルヒーティングです。快適な暮らしです。あれ誰が作っていると思いますか。国が言い出した〝思いやり予算〟

というので作られました。県民の税金であれらが作られたんですよ。あんないい家に住む県民はほとんどいない。見るたびにいやな思いがします」

広大な敷地にはヤシの並木がいつまでも続き、軍用のハマーが重そうに、ゆっくりと走っていた。

いくつものアパートの窓からは、室内の明かりが暖かくもれて来ている。家族のぬくもりが伝わってくるようだ。

3

国道沿いの一軒の古びたバーの前でタクシーは停まった。

「ここのお店はベトナム戦争時代からあるお店でしてね、老舗です。同じママがずっとやって来たんでね、生き字引きですよ。何でも聞いてみて下さい。私ここで待っていますので」

ピンク色の馬が、舌を出して、へべレケに酔った顔で足をバタつかせる看板。

永い間、何度も直しつつ使って来たのか、壊れかけた扉を開け、店内へと入った。

黒塗りのカウンターと踊るためのスペースがあり、さほど大きな店構えではないからか、テーブルは三つしかなかった。

店の中は頭を丸めた米兵であふれかえっていた。

皆誰もが若く、子供と言って良いほどに瞳はつぶらで、健康的に大きく育った体を大音響のBGMに合わせ、揺らしていた。

「いらっしゃい。初めての方ね、そうでしょ」

カウンターの中からくるくるのパーマをかけ、指に大きな指輪をした年配の女性が声をかけて来た。

ラメの入った黒いドレスを身にまとっている。

「はい、初めてです。タクシーの運転手さんに連れて来てもらいました」

「そう。何飲みますか？」

「コロナビールを」

そう告げ、改めて店内を見渡す。

カウンターの中には少し太めの若い娘二人が、いそがしそうに米兵の相手をしながら、カクテルを作っている。

二人共ほとんど同じようなかっこうで、髪はアフロヘアーにして、黒いタンクトップはヘソ出しで、鼻とヘソにピアスを打ちこんでいた。

天井からは何百枚という一ドルや、五ドル紙幣がつり下げられ、壁の一面も同様に、何百枚ものドル紙幣が張りめぐらされていた。

ビールを持って来たママが、ドル紙幣を眺めているのに気付き、

「米兵が沖縄を去る時に、記念として自分の名前を書いて張ってゆくのよ」

と教えてくれた。

一枚ずつ、よくよく見ると、全ての紙幣に英語で名前が書かれていた。

「楽しんでるの、一緒に飲みましょうね」

ノーブラに小さなTシャツを着て乳首の形がくっきり見える、うら若い女性兵士が酔って、よく引きしまった腕を首にまわし、キスして来た。

〝アメ男〟っているのだろうか。

そんな事を思いつつ、少しだけ得した気分になる。

カウンターで働く若い娘二人を指さし、

「なんだかよく似てますよね、あの二人」

ママに告げると、

「そりゃそうよ。姉妹ですもの」

「あの娘達はバイトか何かで？」

「ええ、そうだけど」

「いやあ実は、聞きづらいのですけれど、アメ嬢という人達なのかと」

「聞きづらい事なんてないわよ、決まってるじゃない。アメ嬢よ。まだステディはいないらしいけれど」

「ママもそうだったんですか？」

「だったとは何よ、現役よ。何、私の事聞きたいの。だったら特製カクテル作るから、それお飲みなさいよ」

娘の一人を呼びつけ、何事かつぶやくママ。

赤やピンク、オレンジ色のライトが眩しい。

兵士は、グローブのような大きな手で、ビールびんをつかみ、はじけそうな笑い声を上げ、踊り、握手をし、抱擁し合っていた。

バンコクのゴーゴーバーにいるのでは、と一瞬とまどってしまう。

「ハイ、出来たわよ」

ピンク色の得体の知れない液体が入った五合ビンがカウンターに「どん」と置かれた。

「カクテル……ですか」

「そう、これが〝猛女〟というカクテルよ」

「グラスで出してくれないんですか」

「それがねえ、出来ないのよ、棚に置いてある酒を右から左に全部入れなくちゃならないの。少なく作ってもどうしてもこの量になっちゃうのよね」

棚を見ると、ジン、ウオッカ、スコッチ、バーボン、ラム、テキーラ……。

飲まない訳には行くまい。

カウンターの下で、こっそり肝臓をさすった。

隣に座っていた元米兵だろうか、よちよちの日本語で、

「モウジョ、ダーメ。アシタ、アタマ死ニマース」

そう話すと、頭を苦しそうにおさえる素振りをした。

「さて、アメ嬢の話しましょうね。何から教えましょうかね」

ママが話し始めた途端、誰かが後ろから手を首に巻きつけて来た。

また先程の女性兵士かと、少しわくわくしてふり向くと、丸坊主の兵士がよろよろしながら話しかけて来た。

疲れきっていて、酔っていた。

「アフガンから先週帰って来たばかりなんだ。僕はトラックを整備するのが任務だか

ら、ずっと後方にいたんだ。最前線とは遠く離れていたのに、ある晩、誰かが銃撃して来たんだ。恐しかったよ。こわくってこわくって。国のためにと思って今まで来たけれど、わからなくなってしまいました」

二十歳にも満たない青年は沖縄に帰って来てなお、脅えていた。

「彼女には再会出来たの？」

ママのやさしい問いかけに、青年は静かに涙を流し始めた。

熱血アジアパー伝

つかの間の休日を、思い切り、無理やりでも楽しまなくてはと思えるほどに、若い兵士達は、この狭くて薄汚ないバーのフロアで踊り狂い、抱擁し合い、唇を合わせている。

彼らからは、若々しい、まるで仔犬の頭の匂いのような、わきが臭がよどみなく発散されていて、ついくんくんと鼻を広げて嗅いでしまう。

すぐ横で、カウンターに両ひじをついたまま、涙を流し続ける兵士は、大きな体に似つかわしくない、驚くほど華奢《きやしや》な長い指で、そっと目尻をぬぐうと、

「どうして」

と一つ、聞きとれないほど小さな声でつぶやいた。

さびついたミラーボールに反射する光が、短く刈り上げたブロンドの髪を一瞬照らし出す。まだ子供のうぶ毛のようだ。

ママが片目でウインクをよこすと、棚にある酒を全て混ぜ合わせただけの〝猛女〟と名の付いたカクテルを、彼の前に静かに置き、

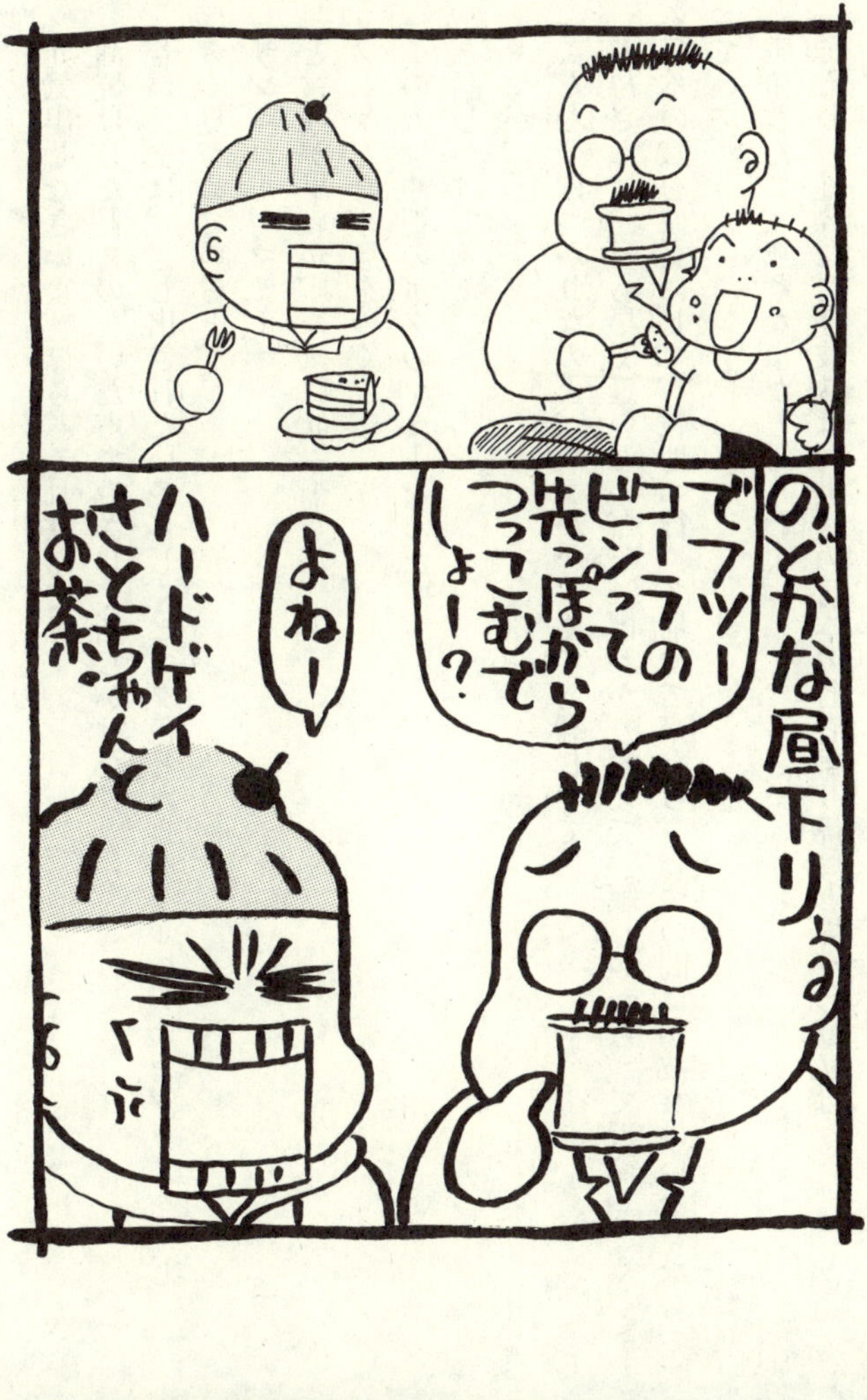
のどかな昼下り
でフツーコーラのビンって先っぽからつっこむでしょー？
よねー
ハードゲイさとちゃんとお茶。

「元気出しなさいよ、ほら、これ飲んで」

酒焼けしたドスのきいた声でやさしく話しかけた。

若い兵士は、さし出されたいやらしくピンク色したカクテルの入ったグラスを、しばらく見つめていると、

「サンキュー、マミー」

と言うが早いか、一気に飲み干した。

フーッとため息をつくと、

「この人は沖縄のボクのマミーなんだ」

と話しかけてきた。

ママが、

「こんな子ばっかりなのよ、故郷が恋しくて、恋しくて。お母さんに一日も早く逢いたい、そればっかり考えて。寂しいからって近寄ってくる日本の娘を彼女にして、戦地へ行って帰って来たら、いつの間にか彼女はいなくなっていて。

戦争なんて、無駄な事だと思うわよ。

でもね、純粋なだけ彼らは同世代の日本の若者より偉いと思うわ、私は」

とれなくなっちゃってー
どもーうしようかって
わあ大変
まてまてこうゆう時は先人の知恵をかりようつって
その手の剛の者友達いろいろ連絡したらみんなあつまってきちゃって
みんなでかわるがわるひっぱったりしてもダメで
「ウクライナ昔話の大きなかぶ」みたいなのどかな風景
で、その中の一人がすくっと立ちあがって
うんうんそれで

日本語のわからない若者は、それでもママの言葉に耳をかたむけていた。

「でもねえ、彼の場合は気の毒。

ここいらへんで一番評判の悪いアメ嬢にふりまわされちゃったのよ。

もう本当にひどい女よ」

そう話しながら、五合ビンに入ったカクテルを小さなグラスに注ぎ、「トン」と目の前に置く。

「飲んでないじゃないのよ。ほら」

味見くらいはしなくてはと、グラスに口をつけ、唇を少し濡らしただけで、やめた。

シンナーの匂いのする、チューイングガムのような味。

たしかに未だかつて、これほどキック力のある酒には、お目にかかった事はない。

若い兵士は、おさまりがつかなくなったのだろう。

手酌で〝猛女〟をガブガブとやり始めた。

瞳はすでにうつろで、半分つぶれかけている。

彼のすぐ横に座っていた、片言の日本語を話す元軍人らしき初老の男が、やさしく若者の肩に手をまわし、彼の耳元で何かつぶやくと、ゆっくりと丸刈りの頭をなで、

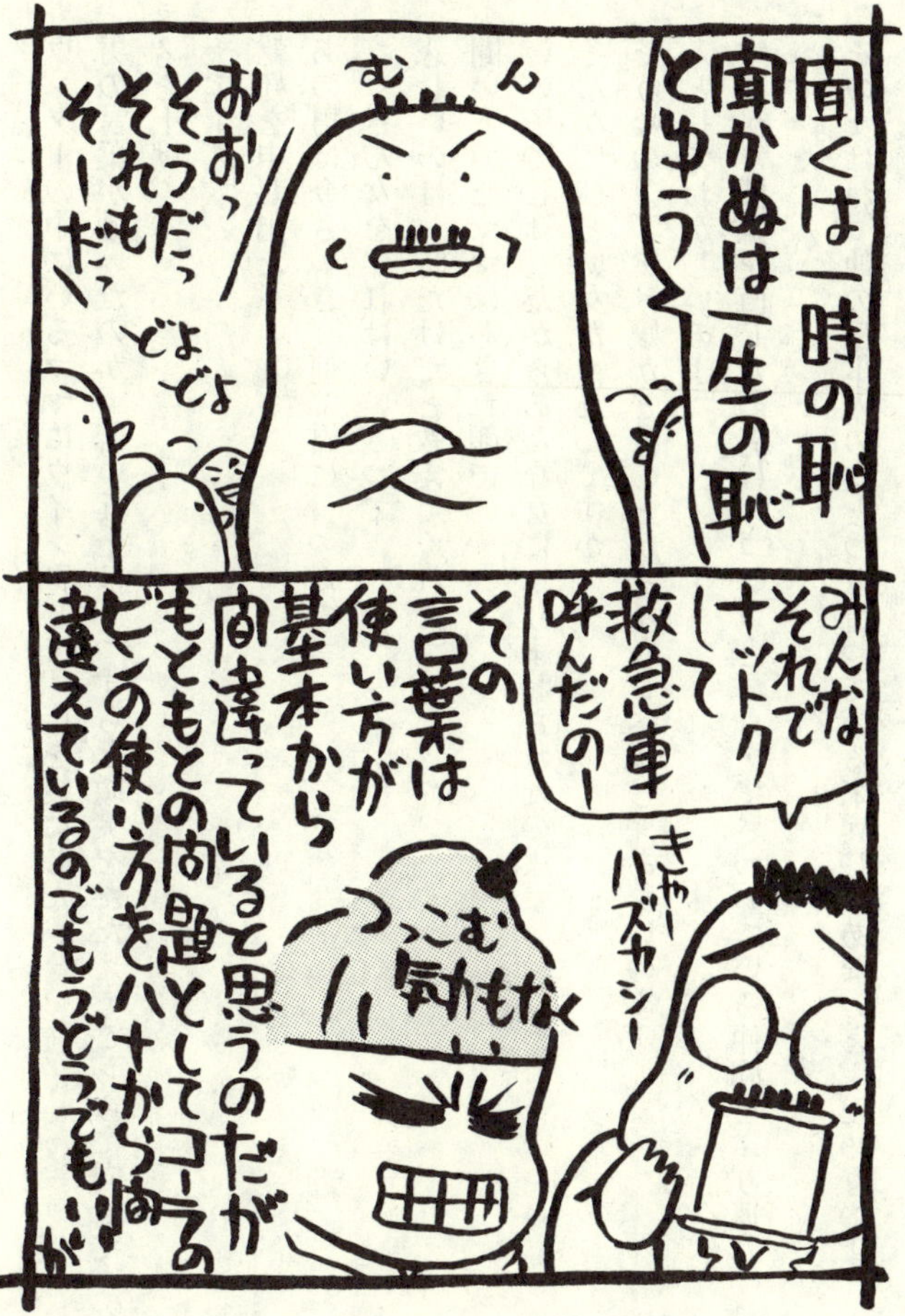
聞くは一時の恥
聞かぬは一生の恥
とゆーう
むん
おおっ
そうだっ
それも
そーだっ
どよ
どよ
みんな
それで
ナットク
して
救急車
呼んだのー
きゃーハズカシー
その言葉は使い方が基本から間違っていると思うのだがもともとの問題としてコーラのどの使い方をハナから間違えているのでもうどうでもいいが
つっこむ気力もなく

カウンターの中にいるママにウインクして、店を後にした。

男の言葉が効いたのか、若い兵士はうっすらと微笑をたたえ、こちらに向けて、グラスを上げ、

「チアーズ」

乾杯を申し出た。

「あの男は今さっき、何て君に言ったの」

「たくさん女を作ればいいさって。悲しいのは一時だけだと教えてくれた」

聞いていたママはあきれ顔で、

「いい子でしょ。だからあんな女にふりまわされたのよ」

「そんなにひどい女だったんですか」

「そうなのよ。アメ嬢がどうのとかそんなレベルじゃあないのよ。人としておかしいのよ」

すっかり機嫌を直した若者はニコニコとフロアでさわいでいる仲間をふり返り、見つめていた。

「その女はね、他の日本人の女とつき合っている米兵じゃあないと、だめなのよ。

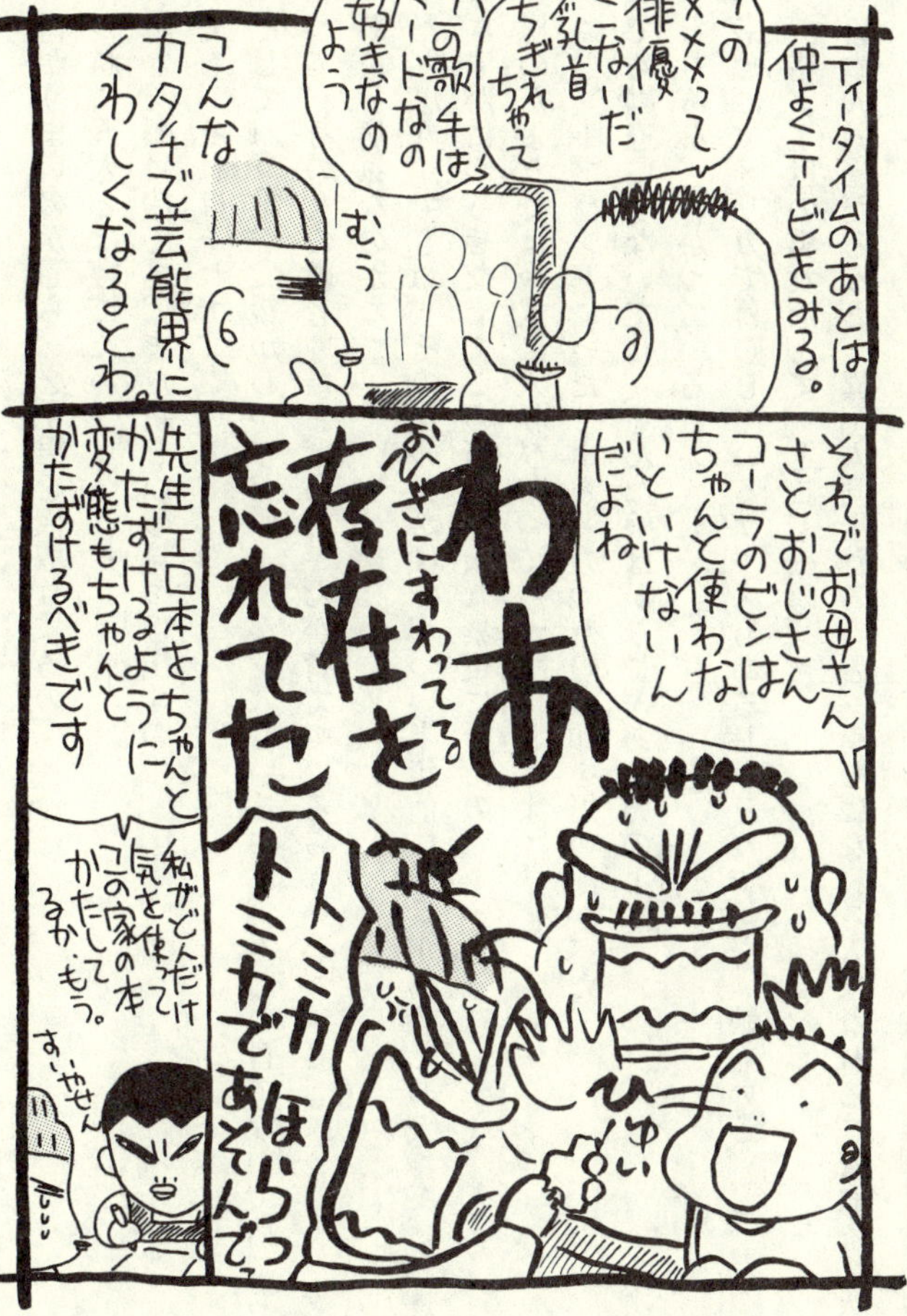

ティータイムのあとは仲よくテレビをみる。
この×××って俳優こないだ乳首ちぎれちゃって
この歌手はハードなの好きなのよう
むう
こんなカタチで芸能界にくわしくなるとわ。
それでお母さんさとおじさんはコーラのビンちゃんと使わないといけないんだよね
わあ
おひざにすわってる存在を忘れてた
トトミカ
トミカでほらっあそんでっ
ひゅい
先生エロ本をちゃんとかたずけるように変態もちゃんとかたずけるべきです
私がどんだけ気を使ってこの家の本かたしてるか。もう。
すいやせん

口がうまいのかしら。必ず男を横取りするの。つねに五人とは寝てたわ。飽きた順に捨てて、また新しいの見つけ出すの」

「でも、それはそれですごい」

「そしてね、誰が父親かわからない子供が三人もいるのに、みんな育てないで捨てちゃって、その女の歳老いたおばあちゃんが育てているらしいわ」

「ああ、病気なのかな」

「だと思う。でもね、その女のおかげで、つい半年前に米兵が自殺しちゃって、私達もさすがにゆるせなくてこの街を出入り禁止にしたの。風のたよりでは金武《きん》に入りびたってるってうわさよ」

ふとソープランドにいたミホと名のった娘の顔を思い浮かべた。

「でも勘違いしないでね。そんな娘ばかりじゃあないのよ」

「もちろん、わかっているさ」

「幸せにアメリカで暮らしているケースもあるし、そうではない娘もいる。一緒よ。世の男女なんて、どこも一緒。日本人同士だろうと、異国人同士だろうと。幸せになれる人はなれる、なれない人はなれない」

幸せとは何だろう。

しばらく考える事すらなかった。

時刻は十二時を回ろうとしていた。

休日を満喫しようと、米兵はぞくぞくと店にやって来る。若者達の熱気で、狭い店の中は、クーラーがめいっぱい冷気をはき出しているというのに額には、汗がにじみ出している。

兵士達の顔を一人ずつ眺めてみた。

誰もが皆、爆竹がはじけたような、大きな笑顔だった。

店の手伝いをしているそっくりな顔をしたアメ嬢の姉妹も、カウンターの中から若い兵士をやさしい瞳で見つめるママも、笑顔だ。

ここ数ヵ月というもの、家庭でも酒場でも最後に笑ったのはいつだったか。思い出す事すら出来ない。

それに気付き、小さく冷笑するしかなかった。

泡盛をおごってくれたおじさんは、そこに気付いて、「遊んでこい」と言ったのか。

いたたまれなくなり、ママに勘定を払い、店を出た。

つりを受け取る際、ママは、

「またいらっしゃいよ。いつでも店は開いているからね」

とにこやかに話しかけてくれた。

任務に出ようとする兵士にも、同じ言葉をかけているのだろう。うれしいに違いあるまい。

帰ってこれる場所があるというのは。

薄暗い橙色の街灯の下、タクシーは店の前に横付けされたままであったが、運転手の姿がない。

バーのすぐ横に、ガラス張りの食堂があり、中を覗《のぞ》きこむと、運転手は背中を丸めてタコスにかぶりついていた。

店に入って行き、運転手の前に座る。

気付いた運転手は、あわてたのか、頬張っていたタコスのチリソースを太ももにたらりとたらしてしまった。

口の中のタコスを思い切り飲みこむと、

「すいません、もう少しゆっくりなさると思ったので。すぐにたいらげますので、少し待ってて下さいね」

「いやいや、急ぐ旅ではありませんから、それより、一つ食べてみようかな」

テーブルをはさみ、前のめりになり、低い声で運転手は、

「やめときましょう。高いです。量も前より少なくなってます」

「いくらですか」

「二個で五百円もしますよ。

少し前までは同じ値段で三個でした。

これでは若いマーリーンには可哀相です、ほら見て下さい」

すぐ横のテーブルでは、二人の二メートル近い黒人兵が、大きな手にかくれてしまうほどのタコスを一つずつ、わけ合って食べていた。

「独立記念日だっていうのに。ランドに帰っていれば、お母さんの手料理を腹いっぱい食えたでしょうね。大変だ、新兵は」

そうつぶやきながら運転手は指についたソースをしゃぶり、「行きましょう」と言い放ち、いきおいよく席を立った。

兵士の横を通り過ぎる際、ふと二人を見やると、いとおしそうに、大きな背中を丸め、自分の体に似合わないほど小さなタコスにかじりついている横顔は、やはり、遊

びたいさかりの少年でしかなかった。

車に乗りこむと、運転手は、

「どうですか、やはり真栄原《まえはら》行きましょうかね」

と話しかけてきた。

「金武は遠すぎると……」

「ええ、次にしませんか、もう酔っていますでしょう」

たしかに夕暮れ時から飲み続けだった。

ちょんの間に行っても、酔って何も出来はしないだろうが……。

車は58号線をUターンして、那覇方向へと進む。

二十分も走らないうちに車は細い路地へと入って行くと、〝真栄原社交場〟と書かれたネオンのある前で停まった。

「私はここで待ってますから、どうぞ遊んで来て下さい。

ここのシステムは十五分刻みです。

まあお客さん若いから、四十五分と見ておきましょうね」

何故丁度《ちょうど》一時間と言ってくれないのかと、少し憤慨しつつ、細い路地へと、わけ入った。

路地に光はほとんどなく、両側にひしめくちょんの間では、小さな引き戸が開け放たれたままになっていて、部屋からもれ出る明かりで、かろうじて行きかう男達の姿が見えるのだった。

路地には何人もの男が一軒ずつ、入り口を覗きこみ、玄関先に、ちょこんと正座している娘の品定めをしながら、ゆっくりと歩いてゆく。

暗闇をゆらゆらと行き来する男達の姿は、あさましく、言いようのないくらい野良で、それでいて猛《たけ》り狂っているオーラを体中からふき出しているのは、どこか、同じオスとして可愛らしく思えた。

男達とすれ違いながら、同じように一軒ずつ、首をまげ、中を覗きこむ。

思っていたより歳が若い娘が多かった。

どの店の娘も、玄関先に座り、真正面から男達を見据えている。

瞳が合うと、ある娘は微笑し、またある娘は小さな声で「どうぞ」と呼びかけてくる。

戸が閉じられている所はお仕事中らしく、この日はお客が多いのか、半分近く、閉じていた。

飲み過ぎで、ただの泌尿器となった身で、上る勇気はなかったが、部屋を見てみたい、その一心で、当てずっぽうに、開けっぱなしの戸の中に飛びこんだ。

正座していたのは、本当に若い、白いムームーのようなドレスを着た小柄な南の国の美少女だった。

「十五分だけなんだけれど、いいかな」

「もちろん、いいですよ。五千円ですが、さっ、上へどうぞ」

人一人通れるか、と思えるような細くきしむ階段を連れられて上ってゆくと、四畳半もないだろうか、小さな部屋に布団が敷かれたままになっていた。

色白で、目鼻立ちのくっきりした、濃い黒髪の娘は、何のためらいもなくドレスを脱ぎ、

「どうぞ、服脱いで下さいね」

と標準語で話しかけてきた。

裸になり、あお向けにされ、よく冷えた手ぬぐいで掃除してくれる。

すぐ横にひざまずき、まるで流れ作業の工員のような手つきで、つままれ、ふくまれた。

何の反応もないと知るや、わざと大きく音を立て始める。

彼女の体は、うら若い顔立ちにそぐわない、まるで老婆のようで、アバラは浮き出

ていて、乳首は黒く、ひからび、そこも、泣きたくなる程、焼けて、ラクダの唇のようにのびきっていた。

五分も過ぎないうちに、はね起き、

「もう、いいよ、ありがとう」

と言うが早いか、服を着て、階段をかけ降り、外へと飛び出した。

後悔と、怒りで自分がいやになる。

逃げるようにして、一軒の居酒屋へと入る。

中では目付きの悪いやり手ババアが二人、テビチー（豚足）を肴《さかな》にビールを飲んでいた。

「泡盛。コップで、そのままでちょうだい」

腰のまがったおばあさんが持って来たグラスをうばい取り、一気に飲み干した。

「あれえ、にいさん、飲んだら遊べなくなるよお。ワハハ」

やり手ババアの一人が、いやらしく大声を上げた。

今しがた、自分のしてきた行為が恥かしすぎて、声も出せず、小銭をテーブルに置き、店を出た。

タクシーの待つ場所へ、急ぎ足で歩いていると、前から六人の若い米兵がゆっくりとやって来た。

彼らも一軒ずつ、覗きこみ、物色していた。

「若いから気持ちはわかるが、つらい思いをするだけだから、やめておけ」

そう言おうと思い彼らに近付いたのに、

「今日は独立記念日じゃあないか」

と、大声を上げてしまった。

酔っていた。

突然通りすがりの日本人に大声を上げられ、身構える兵士達。

それでも、もめ事は起こさないようにと言われているのだろうか、無視してその場を立ち去ろうとした。

一人の若い兵士の太い腕に手をかけ、

「女を買うのか」

と話しかけた。

「休日なので遊びに来ただけです」

と、最後に「サー」と付けて答える兵士。

「独立記念日に、日本の女を買うのが楽しいか!」

自分でも思ってもいない言葉が飛び出した。

「休日ですから……」

また「サー」を付けて答える兵士、困った顔をしている。

どこでどんなスイッチが入ってしまったのか、酔っぱらいのいびりを米兵にしていた。

それでも止まらず、

「君は、何故兵士になったんだ！　言ってみろ」

「国を守るのが私の義務だと思ったからです、サー」

「そうか、よし」

近くで見守る仲間が「もう行こうぜ」と言っているのが聞こえた。

せっかくの休日を気分の悪いものにさせた。

自分でも判っている。

ひどいたちの悪い酔いかたをしているというのを。

「やばい、やばい」

一人言をいいつつ、路地を歩いていると暴走族風の少年二人が、バイクのかげでシンナーを吸っているのが見えた。

「何やっとる、お前ら」

ただのおやじ酒だ、これでは。

ボーッとした目付きで少年二人は立ち上った。

「何もしてないさあ、友達待ってただけさあ」

と少しろれつのまわらない声で、するともう一人が、

「にいにいはここで何してるさあ、スケベでしょう」

「そ、そうだ」

と正直に答えると、

「ギャハハハ」

途端に大笑いされる。

少年のすぐ横に停めてあるバイクは、どうして、と聞きたくなるセンス一杯で、意地悪な型に改造されていた。

「おい、お前ら族だろ」

こちらも少しろれつのまわらぬ声で聞いた。

「そうさあ」

二人は声をそろえ、シンナーで半分溶けてなくなった黄色い前歯を「ニッ」と出

し、ニタリと笑った。

「お前ら、金武であった事件、知っているだろう。ただ、うるさく走り回るだけじゃなくて、その手にしてる金属バットで、米兵殴り飛ばすとか考えないのか！」

「出来ないさあ、そんな事」

「なんで」

「だってさあ、米兵さあ、でっかいし、強いさあ」

「ん、まあな」

「そんな言うならさあ、にいにいに、このバットあげるからさあ、自分でしたらいいさあ」

「…………」

「ほら、あそこに六人歩いてるよ、やって来たらいいさあ」

「そうだな、や、やっぱり出来る事じゃあないな」

「ねー。平和が、一番さあ」

一気に酔いが醒《さ》めた。

同じ歳頃のアメリカの兵士は死の恐怖に直面し、日本の娘との恋にやぶれ、いつかまた戦地へと向かって出て行く。

「戦争なんて無駄な事よ、でも若い彼らはえらいと私は思うの」

といった、元アメ嬢のママの言葉を思い出す。

幸せも、しばらく考えていなかった。

平和も、何だ。

タバコに火をつけ、「じゃあな」と少年に言葉をかけ、薄暗い路地を歩き出すと、
ふと電柱のすぐ横に、サンダルが一つ落ちているのに目がとまった。

「なんだ、これは」

と思いつつ、歩いてゆくと、ほこりまみれのボロをまといやせ細ったおじさんが、
地面につっぷしていた。

荒い息を立てながら苦しそうにしているおじさん。

自分を見ているようでいてもたってもいられなく、つい、

「おい、大丈夫かよ、おじさん」

かがみながら大声をかけた。

何度目かの呼びかけで、やっと目を覚まし、

「み、水飲みたいなあ」

のん気な事を言う。

すぐそばにあった自販機でお茶を買い、手渡すと、美味そうに喉をならして一気飲みした。

「フー」

一息つくと、ゆれる瞳でこちらを見つめ、ゆっくりと話し始めた。

「いやー友人の娘の結婚式で、朝から飲んで、気が付いたらここにいる。

私は、かなぐすくと申します。

あんたは」

名前を教える。

「そうですか、ないちゃー（内地者）ですな。

わ、私は金武に住んでます。

友人の娘の結婚式だというのに、お金を祝いにあげる事が出来ませんでした。

来週、会社をクビになる事になりました。

仕事先のマーリーンがいなくなるそうで、軍相手の仕事をしている私の会社がつぶれます。

わ、私は酔うしかないのです。

米兵がいなくなると、私は死ぬまで酔うしかないのです」

そこまで言うと、おじさんはまた、ばたりと地面に寝ころんでしまった。

タクシーの運転手はタバコをふかしながら、細い顔の月を見上げていた。

「お待たせしちゃって、もう那覇に帰りましょう」

そう声をかけると、運転手は腕時計をちらりと見やり、

「一時間ですか、がんばりましたね」

と、ニヤリと笑った。

あとがき

鴨志田 穣

「私があなたに、下着を買わなくなった時には、愛がなくなったと思ってね」

ああ、いい言葉だな。とそのつぶやきに愛を感じた。

韓国人のとある友人は、なにかにつけ、「物事には良し悪しがありましてね」、おっとりした静かな口調で、いつも必ずその言葉を添えて話し出す。

お前、何か宗教でも入ってるのかよ、と言いたくなる所だが、彼の話は妙にいつもおもしろい。

「北は悪い。では南は正しいのですか。日本は良いと思いますが、感じるに、少しちがう。

何なのでしょうか、このあせりと言うか、気分のはれない気持ち。これはどこへ移っていっても変らない気分だと思うんですが。

私は自分が何をしたいのかがわからなくなる時があります。そんなイライラした気分を持つ事はないですか。

ああ嘘ばかりつく日々から、自由になりたいなあ」

いつものように、ベロンベロンになり、彼は僕に言って、バーのカウンターにつっぷす。

〝最後の〟とついたこのシリーズは沖縄にいる米兵の話で終った。

若い米兵に、それは賢い奴もいようが、ほとんどは、生まじめで、逆にアホウな連中ばかりであった。

奴らからは、〝自由〟という意味を心の底から考えたとは感じ取れなかった。

下着にほころびが出来てもはき続けている自分も、同じようなものか。

ともかく、最近は酔ってばっかりで、すっ転んで肋骨を折るは、内臓に穴が開いて喀血するはと、ろくな事がないが、どうにかこのシリーズも五冊目までにたどりついた。

心が爆《は》ぜている。

手のひらに、何かが舞いもどってきた感触がある。

さあ、次はどこに行こうか。

出会い、話をした人々の名前を出すだけで、長い小説になってしまいそうなので、やめておきます。

ただ、たった一人。

理恵子さん。

ありがとう。

文庫版あとがき

通っていた小学校は、札幌では唯一、全市内から生徒が通学する学校で、遠い所に住む子供などは片道二時間以上かけてバス通学していた。当然仲良しの家へ遊びに行くにしても市電やバス、出来たばかりの地下鉄に乗って行かなくてはならない。

一年生の頃、仲良しだった子供の家は、バスに乗って一時間。そこからさらに歩いて三十分かかる場所にあった。

ついこの間、病床に臥している横で、母が急に子供の頃の私を思い出したのか、その仲良しの子供の家に初めて遊びに行った日の出来事を話しだした。

友達の家に行くからバス賃をくれと私が言い、場所を尋ねると、市の南はしにある地名を言ったらしい。驚いた母は一人で行けるのかと私に訊いたという。母も行った事のない場所である。すると小学一年生だった私は、

「わからなくなったら人に訊くから」

そう言い残し、走って家を出て行ったというのだ。

その出来事は私も少しだけ記憶に残っている。初めて乗る番号のバスで、遠くはなれた初めての土地へ一人で行った事。それはとてもどきどきする、小さな冒険であった。

同じように一人で藻岩山を登った事もあった。

山に住むクワガタ虫を捕りに行こうと、夜眠る前急に思い立ち、まだ日が昇る前に家を出て、自転車で四十分かけて山のふもとに到着した。

朝焼けが美しかった。

捕虫網と虫かごを持って登山道を進んで行く。

風の強い日だった。

登山道にかかる大樹は大きくたなびき、はげしく木の葉は揺れ、こすれ合い、大きな音を立てていた。

早朝で、すれ違う人も前後を登っている人の姿もない。

中程まで登ると、風は勢いを増し、太い幹まで大きく鳴り出した。

クワガタどころではない。目標は頂上まで勇気を出して登り、いち早く下りる事に変っていた。

ふき荒れる風と揺れる樹木の大きな音は、山一つを大きな生き物のように感じさせた。

どうにか頂上にたどり着き、看板にタッチして帰りの下り坂は涙を流しながら走って下りて行った。

気が付けば大人になっても同じ事をくり返している。

好奇心が一度湧き上がると、いてもたってもいられなくなる。

この気分はいつまでも決して変る事はないだろう。

文庫化にあたり、たくさんの心配をおかけした秋元直樹氏には心から感謝する。

例によって、都内のとある病院にて。

鴨志田　穣

初出／「IN★POCKET」'02年1月号～10月号掲載「熱血アジアパー伝」改題

本書は二〇〇四年二月、小社より単行本として刊行されました。

|著者|鴨志田 穣　1964年神奈川県生まれ。高校を卒業後、風来坊生活を続けるが、なんとなく片道切符でタイへ。現地でひょんなことからビデオカメラ片手のフリージャーナリストに。著書に5巻にわたる『アジアパー伝』のシリーズのほか、『日本はじっこ自滅旅』『酔いがさめたら、うちに帰ろう。』など。

西原理恵子　1964年高知県生まれ。強烈な作風で大人気の漫画家。『ぼくんち』で文春漫画賞を受賞。他の著書に『営業ものがたり』で完結した、ものがたり三部作、『毎日かあさん』『ちくろ幼稚園』『サイバラ茸』のシリーズ、『パーマネント野ばら』『いけちゃんとぼく』など。

最後《さいご》のアジアパー伝《でん》

鴨志田《かもしだ》 穣《ゆたか》｜西原理恵子《さいばらりえこ》

講談社文庫

定価はカバーに
表示してあります

2007年1月16日第1刷発行
2007年2月8日第2刷発行

発行者――野間佐和子

発行所――株式会社 講談社

東京都文京区音羽2-12-21 〒112-8001

電話 出版部（03）5395-3510
販売部（03）5395-5817
業務部（03）5395-3615

Printed in Japan

デザイン―菊地信義

本文データ制作―講談社プリプレス制作部

印刷――大日本印刷株式会社

製本――株式会社国宝社

落丁本・乱丁本は購入書店名を明記のうえ、小社業務部あてにお送りください。送料は小社負担にてお取替えします。なお、この本の内容についてのお問い合わせは文庫出版部あてにお願いいたします。

ISBN978-4-06-275610-5

講談社文庫刊行の辞

二十一世紀の到来を目睫に望みながら、われわれはいま、人類史上かつて例を見ない巨大な転換期をむかえようとしている。

世界も、日本も、激動の予兆に対する期待とおののきを内に蔵して、未知の時代に歩み入ろうとしている。このときにあたり、創業の人野間清治の「ナショナル・エデュケイター」への志を現代に甦らせようと意図して、われわれはここに古今の文芸作品はいうまでもなく、ひろく人文・社会・自然の諸科学から東西の名著を網羅する、新しい綜合文庫の発刊を決意した。

激動の転換期はまた断絶の時代である。われわれは戦後二十五年間の出版文化のありかたへの深い反省をこめて、この断絶の時代にあえて人間的な持続を求めようとする。いたずらに浮薄な商業主義のあだ花を追い求めることなく、長期にわたって良書に生命をあたえようとつとめるところにしか、今後の出版文化の真の繁栄はあり得ないと信じるからである。

同時にわれわれはこの綜合文庫の刊行を通じて、人文・社会・自然の諸科学が、結局人間の学にほかならないことを立証しようと願っている。かつて知識とは、「汝自身を知る」ことにつきていた。現代社会の瑣末な情報の氾濫のなかから、力強い知識の源泉を掘り起し、技術文明のただなかに、生きた人間の姿を復活させること。それこそわれわれの切なる希求である。

われわれは権威に盲従せず、俗流に媚びることなく、渾然一体となって日本の「草の根」をかたちづくる若く新しい世代の人々に、心をこめてこの新しい綜合文庫をおくり届けたい。それは知識の泉であるとともに感受性のふるさとであり、もっとも有機的に組織され、社会に開かれた万人のための大学をめざしている。大方の支援と協力を衷心より切望してやまない。

一九七一年七月

野間省一